PREFAZIONE

La raccolta di frasari da viaggio "Andrà tutto bene!" pubblicati da T&P Books è destinata a coloro che viaggiano all'estero per turismo e per motivi professionali. I frasari contengono ciò che conta di più - gli elementi essenziali per la comunicazione di base. Questa è un'indispensabile serie di frasi utili per "sopravvivere" durante i soggiorni all'estero.

Questo frasario potrà esservi di aiuto nella maggior parte dei casi in cui dovrete chiedere informazioni, ottenere indicazioni stradali, domandare quanto costa qualcosa, ecc. Risulterà molto utile per risolvere situazioni dove la comunicazione è difficile e i gesti non possono aiutarci.

Questo libro contiene molte frasi che sono state raggruppate a seconda degli argomenti più importanti. Questa edizione include anche un piccolo vocabolario che contiene circa 3.000 termini più utilizzati abitualmente. Un'altra sezione del frasario contiene un dizionario gastronomico che vi sarà utile per ordinare pietanze al ristorante o per fare acquisti di genere alimentare.

Durante i vostri viaggi portate con voi il frasario "Andrà tutto bene!" e disporrete di un insostituibile compagno di viaggio che vi aiuterà nei momenti di difficoltà e vi insegnerà a non avere paura di parlare in un'altra lingua straniera.

INDICE

T&P Books Publishing

La raccolta di frasari da viaggio
"Andrà tutto bene!"

T&P Books Publishing

FRASARIO

— GRECO —

Andrey Taranov

I TERMINI E LE ESPRESSIONI PIÙ UTILI

Questo frasario contiene
espressioni e domande
di uso comune che
risulteranno utili
per intraprendere
conversazioni di base
con gli stranieri

T&P BOOKS

Frasario + dizionario da 3000 vocaboli

Frasario Italiano-Greco e vocabolario tematico da 3000 vocaboli

Di Andrey Taranov

La raccolta di frasari da viaggio "Andrà tutto bene!" pubblicati da T&P Books è destinata a coloro che viaggiano all'estero per turismo e per motivi professionali. I frasari contengono ciò che conta di più - gli elementi essenziali per la comunicazione di base. Questa è un'indispensabile serie di frasi utili per "sopravvivere" durante i soggiorni all'estero.

Questo libro inoltre include un piccolo vocabolario tematico che comprende circa 3.000 termini più utilizzati abitualmente. Un'altra sezione del frasario contiene un dizionario gastronomico che vi sarà utile per ordinare pietanze al ristorante o per fare acquisti di genere alimentare.

T&P Books Publishing
www.tpbooks.com

ISBN: 978-1-78492-711-0

Questo libro è disponibile anche in formato e-book.
Visitate il sito www.tpbooks.com o le principali librerie online.

PRONUNCIA

Alfabeto fonetico T&P	Esempio greco	Esempio italiano
[a]	**αγαπάω** [aɣapáo]	macchia
[e]	**έπαινος** [épenos]	meno, leggere
[i]	**φυσικός** [fisikós]	vittoria
[o]	**οθόνη** [oθóni]	notte
[u]	**βουτάω** [vutáo]	prugno
[b]	**καμπάνα** [kabána]	bianco
[d]	**ντετέκτιβ** [detéktiv]	doccia
[f]	**ράμφος** [rámfos]	ferrovia
[g]	**γκολφ** [golʲf]	guerriero
[ɣ]	**γραβάτα** [ɣraváta]	simile gufo, gatto
[j]	**μπάιτ** [bájt]	New York
[j̥]	**Αίγυπτος** [éj̥iptos]	New York
[k]	**ακόντιο** [akóndio]	cometa
[lʲ]	**αλάτι** [alʲáti]	milione
[m]	**μάγος** [máɣos]	mostra
[n]	**ασανσέρ** [asansér]	notte
[p]	**βλέπω** [vlépo]	pieno
[r]	**ρόμβος** [rómvos]	ritmo, raro
[s]	**σαλάτα** [salʲáta]	sapere
[ð]	**πόδι** [póði]	come [z] ma con la lingua fra i denti
[θ]	**λάθος** [lʲáθos]	Toscana (dialetto toscano)
[t]	**κινητό** [kinitó]	tattica
[ʧ]	**check-in** [ʧek-in]	cinque
[v]	**βραχιόλι** [vraxióli]	volare
[x]	**νύχτα** [níxta]	[h] dolce
[w]	**ουίσκι** [wíski]	week-end
[z]	**κουζίνα** [kuzína]	rosa
[']	**έξι** [éksi]	accento principale

LISTA DELLE ABBREVIAZIONI

Italiano. Abbreviazioni

agg	-	aggettivo
anim.	-	animato
avv	-	avverbio
cong	-	congiunzione
ecc.	-	eccetera
f	-	sostantivo femminile
f pl	-	femminile plurale
fem.	-	femminile
form.	-	formale
inanim.	-	inanimato
inform.	-	familiare
m	-	sostantivo maschile
m pl	-	maschile plurale
m, f	-	maschile, femminile
masc.	-	maschile
mil.	-	militare
pl	-	plurale
pron	-	pronome
qc	-	qualcosa
qn	-	qualcuno
sing.	-	singolare
v aus	-	verbo ausiliare
vi	-	verbo intransitivo
vi, vt	-	verbo intransitivo, transitivo
vr	-	verbo riflessivo
vt	-	verbo transitivo

Greco. Abbreviazioni

αρ.	-	sostantivo maschile
αρ.πλ.	-	maschile plurale
αρ./θηλ.	-	maschile, femminile
θηλ.	-	sostantivo femminile
θηλ.πλ.	-	femminile plurale

ουδ.	-	neutro
ουδ.πλ.	-	plurale neutro
πλ.	-	plurale

FRASARIO GRECO

Questa sezione contiene frasi importanti che potranno rivelarsi utili in varie situazioni di vita quotidiana. Il frasario vi sarà di aiuto per chiedere indicazioni, chiarire il prezzo di qualcosa, comprare dei biglietti e ordinare pietanze in un ristorante

T&P Books Publishing

INDICE DEL FRASARIO

T&P Books Publishing

Il minimo indispensabile

Mi scusi, ...	**Συγνώμη, ...** [siɣnómi, ...]
Buongiorno.	**Γεια σας.** [ja sas]
Grazie.	**Ευχαριστώ.** [efxaristó]
Arrivederci.	**Αντίο.** [adío]
Sì.	**Ναι.** [ne]
No.	**Όχι.** [óxi]
Non lo so.	**Δεν ξέρω.** [ðen kséro]
Dove? | Dove? (~ stai andando?) | Quando?	**Πού; | Προς τα πού; | Πότε;** [pú? | pros ta pú? | póte?]

Ho bisogno di ...	**Χρειάζομαι ...** [xriázome ...]
Voglio ...	**Θέλω ...** [θéljo ...]
Avete ...?	**Έχετε ...;** [éxete ...?]
C'è un /una/ ... qui?	**Μήπως υπάρχει ... εδώ;** [mípos ipárxi ... eðó?]
Posso ...?	**Θα μπορούσα να ...;** [θa borúsa na ...?]
per favore	**..., παρακαλώ** [..., parakaljó]

Sto cercando ...	**Ψάχνω για ...** [psáxno ja ...]
il bagno	**τουαλέτα** [tualéta]
un bancomat	**ATM** [eitiém]
una farmacia	**φαρμακείο** [farmakío]
un ospedale	**νοσοκομείο** [nosokomío]
la stazione di polizia	**αστυνομικό τμήμα** [astinomikó tmíma]
la metro	**μετρό** [metró]

un taxi	**ταξί** [taksí]
la stazione (ferroviaria)	**σιδηροδρομικό σταθμό** [siðiroðromikó staθmó]
Mi chiamo ...	**Ονομάζομαι ...** [onomázome ...]
Come si chiama?	**Πώς ονομάζεστε;** [pós onomázeste?]
Mi può aiutare, per favore?	**Μπορείτε παρακαλώ να με βοηθήσετε;** [boríte parakalʲó na me voiθísete?]
Ho un problema.	**Έχω ένα πρόβλημα.** [éxo éna próvlima]
Mi sento male.	**Δεν αισθάνομαι καλά.** [ðen esθánome kalʲá]
Chiamate l'ambulanza!	**Καλέστε ένα ασθενοφόρο!** [kaléste éna asθenofóro!]
Posso fare una telefonata?	**Θα μπορούσα να κάνω ένα τηλέφωνο;** [θa borúsa na káno éna tiléfono?]
Mi dispiace.	**Συγνώμη.** [siɣnómi]
Prego.	**Παρακαλώ!** [parakalʲó!]
io	**Εγώ, εμένα** [eɣó, eména]
tu	**εσύ** [esí]
lui	**αυτός** [aftós]
lei	**αυτή** [aftí]
loro (m)	**αυτοί** [aftí]
loro (f)	**αυτές** [aftés]
noi	**εμείς** [emís]
voi	**εσείς** [esís]
Lei	**εσείς** [esís]
ENTRATA	**ΕΙΣΟΔΟΣ** [ísoðos]
USCITA	**ΕΞΟΔΟΣ** [éksoðos]

FUORI SERVIZIO	**ΕΚΤΟΣ ΛΕΙΤΟΥΡΓΙΑΣ** [éktos liturjías]
CHIUSO	**ΚΛΕΙΣΤΟ** [klísto]
APERTO	**ΑΝΟΙΚΤΟ** [aníkto]
DONNE	**ΓΥΝΑΙΚΩΝ** [jinekón]
UOMINI	**ΑΝΔΡΩΝ** [ánðron]

Domande

Dove?	**Πού;** [pú?]
Dove? (~ stai andando?)	**Προς τα πού;** [pros ta pú?]
Da dove?	**Από πού;** [apó pú?]
Perchè?	**Γιατί;** [ʝatí?]
Per quale motivo?	**Για ποιο λόγο;** [ʝa pio lʲóɣo?]
Quando?	**Πότε;** [póte?]
Per quanto tempo?	**Πόσο χρόνο χρειάζεται;** [póso xróno xriázete?]
A che ora?	**Τι ώρα;** [ti óra?]
Quanto?	**Πόσο κάνει;** [póso káni?]
Avete ...?	**Μήπως έχετε ...;** [mípos éxete ...?]
Dov'e ...?	**Πού είναι ...;** [pú íne ...?]
Che ore sono?	**Τι ώρα είναι;** [ti óra íne?]
Posso fare una telefonata?	**Θα μπορούσα να κάνω ένα τηλέφωνο;** [θa borúsa na káno éna tiléfono?]
Chi è?	**Ποιος είναι;** [pios íne?]
Si può fumare qui?	**Μπορώ να καπνίσω εδώ;** [boró na kapníso eðó?]
Posso ...?	**Θα μπορούσα να ...;** [θa borúsa na ...?]

Necessità

Vorrei ...	**Θα ήθελα ...** [θa íθelʲa ...]
Non voglio ...	**Δεν θέλω ...** [ðen θélʲo ...]
Ho sete.	**Διψάω.** [ðipsáo]
Ho sonno.	**Θέλω να κοιμηθώ.** [θélʲo na kemiθó]

Voglio ...	**Θέλω ...** [θélʲo ...]
lavarmi	**να πλυθώ** [na pliθó]
lavare i denti	**να πλύνω τα δόντια μου** [na plíno ta ðóndia mu]
riposae un po'	**να ξεκουραστώ λίγο** [na ksekurastó líɣo]
cambiare i vestiti	**να αλλάξω ρούχα** [na alʲákso rúxa]

tornare in albergo	**να επιστρέψω στο ξενοδοχείο** [na epistrépso sto ksenoðoxío]
comprare ...	**να αγοράσω ...** [na aɣoráso ...]
andare a ...	**να πάω στο ...** [na páo sto ...]
visitare ...	**να επισκεφτώ ...** [na episkeftó ...]
incontrare ...	**να συναντηθώ με ...** [na sinandiθó me ...]
fare una telefonata	**να τηλεφωνήσω** [na tilefoníso]

Sono stanco.	**Είμαι κουρασμένος /κουρασμένη/.** [íme kurazménos /kurazméni/]
Siamo stanchi.	**Είμαστε κουρασμένοι.** [ímaste kurazméni]
Ho freddo.	**Κρυώνω.** [krióno]
Ho caldo.	**Ζεσταίνομαι.** [zesténome]
Sto bene.	**Είμαι καλά.** [íme kalʲá]

Devo fare una telefonata.	**Πρέπει να κάνω ένα τηλέφωνο.** [prépi na káno éna tiléfono]
Devo andare in bagno.	**Πρέπει να πάω στην τουαλέτα.** [prépi na páo sten tualéta]
Devo andare.	**Πρέπει να φύγω.** [prépi na fíɣo]
Devo andare adesso.	**Πρέπει να φύγω τώρα.** [prépi na fíɣo tóra]

Come chiedere indicazioni

Mi scusi, ...	**Συγνώμη, ...** [siɣnómi, ...]
Dove si trova ...?	**Πού είναι ...;** [pú íne ...?]
Da che parte è ...?	**Από ποιο δρόμο είναι ...;** [apó pio ðrómo íne ...?]
Mi può aiutare, per favore?	**Θα μπορούσατε να με βοηθήσετε παρακαλώ;** [θa borúsate na me voiθísete parakalʲó?]
Sto cercando ...	**Ψάχνω για ...** [psáxno ja ...]
Sto cercando l'uscita.	**Ψάχνω για την έξοδο.** [psáxno ja tin éksoðo]
Sto andando a ...	**Πηγαίνω στ ...** [pijéno st ...]
Sto andando nella direzione giusta per ...?	**Πηγαίνω σωστά από εδώ για ...;** [pijéno sostá apó eðó ja ...?]
E' lontano?	**Είναι μακριά από εδώ;** [íne makriá apó eðó?]
Posso andarci a piedi?	**Μπορώ να πάω εκεί με τα πόδια;** [boró na páo ekí me ta póðia?]
Può mostrarmi sulla piantina?	**Μπορείτε να μου δείξετε στο χάρτη;** [boríte na mu ðíksete sto xárti?]
Può mostrarmi dove ci troviamo adesso.	**Δείξετε μου που βρισκόμαστε αυτή τη στιγμή.** [ðíksete mu pu vriskómaste aftí ti stiɣmí]
Qui	**Εδώ** [eðó]
Là	**Εκεί** [ekí]
Da questa parte	**Από εδώ** [apó eðó]
Giri a destra.	**Στρίψτε δεξιά.** [strípste ðeksiá]
Giri a sinistra.	**Στρίψτε αριστερά.** [strípste aristerá]
La prima (la seconda, la terza) strada	**πρώτος (δεύτερος, τρίτος) δρόμος** [prótos (ðéfteros, trítos) ðrómos]

a destra	**δεξιά** [ðeksiá]
a sinistra	**αριστερά** [aristerá]
Vada sempre dritto.	**Πηγαίνετε όλο ευθεία.** [pij̯énete ólʲo efθía]

Segnaletica

BENVENUTO!	**ΚΑΛΩΣ ΗΡΘΑΤΕ!** [kalʲós ípθate!]
ENTRATA	**ΕΙΣΟΔΟΣ** [ísoðos]
USCITA	**ΕΞΟΔΟΣ** [éksoðos]

SPINGERE	**ΩΘΗΣΑΤΕ** [oθísate]
TIRARE	**ΕΛΞΑΤΕ** [élʲksate]
APERTO	**ΑΝΟΙΚΤΟ** [aníkto]
CHIUSO	**ΚΛΕΙΣΤΟ** [klísto]

DONNE	**ΓΥΝΑΙΚΩΝ** [ʝinekón]
UOMINI	**ΑΝΔΡΩΝ** [ánðron]
BAGNO UOMINI	**ΚΥΡΙΟΙ** [kíri]
BAGNO DONNE	**ΚΥΡΙΕΣ** [kíries]

SALDI | SCONTI	**ΕΚΠΤΩΣΕΙΣ** [ekptósis]
IN SALDO	**ΞΕΠΟΥΛΗΜΑ** [ksepúlima]
GRATIS	**ΔΩΡΕΑΝ** [ðoreán]
NOVITA!	**ΝΕΟ!** [néo!]
ATTENZIONE!	**ΠΡΟΣΟΧΗ!** [prosoxí!]

COMPLETO	**ΔΕΝ ΥΠΑΡΧΟΥΝ ΚΕΝΑ ΔΩΜΑΤΙΑ** [ðen ipárxun kená ðomátia]
RISERVATO	**ΡΕΖΕΡΒΕ** [rezervé]
AMMINISTRAZIONE	**ΔΙΕΥΘΥΝΤΗΣ** [ðiéfθindis]
RISERVATO AL PERSONALE	**ΜΟΝΟ ΓΙΑ ΤΟ ΠΡΟΣΩΠΙΚΟ** [móno ʝa to prosópiko]

ATTENTI AL CANE!	**ΠΡΟΣΟΧΗ ΣΚΥΛΟΣ** [prosoxí skílʲos]
VIETATO FUMARE	**ΑΠΑΓΟΡΕΥΕΤΑΙ ΤΟ ΚΑΠΝΙΣΜΑ** [apaɣorévete to kápnizma]
NON TOCCARE	**ΜΗΝ ΑΓΓΙΖΕΤΕ!** [min angízete!]
PERICOLOSO	**ΕΠΙΚΙΝΔΥΝΟ** [epikínðino]
PERICOLO	**ΚΙΝΔΥΝΟΣ** [kínðinos]
ALTA TENSIONE	**ΥΨΗΛΗ ΤΑΣΗ** [ípseli tási]
DIVIETO DI BALNEAZIONE	**ΑΠΑΓΟΡΕΥΕΤΑΙ ΤΟ ΚΟΛΥΜΠΙ** [apaɣorévete to kolíbi]

FUORI SERVIZIO	**ΕΚΤΟΣ ΛΕΙΤΟΥΡΓΙΑΣ** [éktos liturȷ̯ías]
INFIAMMABILE	**ΕΥΦΛΕΚΤΟ** [éflekto]
VIETATO	**ΑΠΑΓΟΡΕΥΕΤΑΙ** [apaɣorévete]
VIETATO L'ACCESSO	**ΑΠΑΓΟΡΕΥΕΤΑΙ Η ΕΙΣΟΔΟΣ** [apaɣorévete i ísoðos]
PITTURA FRESCA	**ΦΡΕΣΚΟΒΑΜΜΕΝΟ** [frésko vaméno]

CHIUSO PER RESTAURO	**ΚΛΕΙΣΤΟ ΛΟΓΩ ΕΡΓΑΣΙΩΝ** [klísto lʲóɣo erɣásion]
LAVORI IN CORSO	**ΕΡΓΑ ΕΝ ΟΨΕΙ** [érɣa en ópsi]
DEVIAZIONE	**ΠΑΡΑΚΑΜΨΗ** [parákampsi]

Mezzi di trasporto - Frasi generiche

aereo	**αεροπλάνο** [aeropl'áno]
treno	**τρένο** [tréno]
autobus	**λεωφορείο** [leoforío]
traghetto	**φέρι μποτ** [féri bot]
taxi	**ταξί** [taksí]
macchina	**αυτοκίνητο** [aftokínito]
orario	**δρομολόγιο** [ðromol'óʝo]
Dove posso vedere l'orario?	**Πού μπορώ να δω το δρομολόγιο;** [pú boró na ðo to ðromol'óʝo?]
giorni feriali	**εργάσιμες ημέρες** [erɣásimes iméres]
giorni di festa (domenica)	**Σαββατοκύριακα** [savatokíriaka]
giorni festivi	**διακοπές** [ðiakopés]
PARTENZA	**ΑΝΑΧΩΡΗΣΗ** [anaxórisi]
ARRIVO	**ΑΦΙΞΗ** [áfiksi]
IN RITARDO	**ΚΑΘΥΣΤΕΡΗΣΗ** [kaθistérisi]
CANCELLATO	**ΑΚΥΡΩΣΗ** [akírosi]
il prossimo (treno, ecc.)	**επόμενο** [epómeno]
il primo	**πρώτο** [próto]
l'ultimo	**τελευταίο** [teleftéo]
Quando è il prossimo ...?	**Πότε είναι το επόμενο ...;** [póte íne to epómeno ...?]
Quando è il primo ...?	**Πότε είναι το πρώτο ...;** [póte íne to próto ...?]

Quando è l'ultimo ...?	**Πότε είναι το τελευταίο ...;** [póte íne to teleftéo ...?]
scalo	**ανταπόκριση** [andapókrisi]
effettuare uno scalo	**αλλάζω** [alʲázo]
Devo cambiare?	**χρειάζεται να αλλάζω;** [xriázete na alʲázo?]

Acquistando un biglietto

Dove posso comprare i biglietti?	**Πού μπορώ να αγοράσω εισιτήριο;** [pú boró na aɣoráso isitírio?]
biglietto	**εισιτήριο** [isitírio]
comprare un biglietto	**αγοράζω εισιτήριο** [aɣorázo isitírio]
il prezzo del biglietto	**τιμή εισιτηρίου** [timí isitiríu]

Dove?	**Για πού;** [ja pú?]
In quale stazione?	**Σε ποια στάση;** [se pia stási?]
Avrei bisogno di ...	**Χρειάζομαι ...** [xriázome ...]
un biglietto	**ένα εισιτήριο** [éna isitírio]
due biglietti	**δύο εισιτήρια** [ðío isitíria]
tre biglietti	**τρία εισιτήρια** [tría isitíria]

solo andata	**απλή μετάβαση** [aplí metávasi]
andata e ritorno	**μετ' επιστροφής** [met epistrofís]
prima classe	**πρώτη θέση** [próti θési]
seconda classe	**δεύτερη θέση** [ðéfteri θési]

oggi	**σήμερα** [símera]
domani	**αύριο** [ávrio]
dopodomani	**μεθαύριο** [meθávrio]
la mattina	**το πρωί** [to proí]
nel pomeriggio	**το απόγευμα** [to apójevma]
la sera	**το βράδυ** [to vráði]

posto lato corridoio	**θέση δίπλα στον διάδρομο** [θési ðíplʲa ston ðiáðromo]
posto lato finestrino	**θέση δίπλα στο παράθυρο** [θési ðíplʲa sto paráθiro]
Quanto?	**Πόσο κάνει;** [póso káni?]
Posso pagare con la carta di credito?	**Μπορώ να πληρώσω με πιστωτική κάρτα;** [boró na pliróso me pistotikí kárta?]

Autobus

autobus	**λεωφορείο** [leoforío]
autobus interurbano	**υπεραστικό λεωφορείο** [iperastikó leoforío]
fermata dell'autobus	**στάση λεωφορείου** [stási leoforíu]
Dov'è la fermata dell'autobus più vicina?	**Πού είναι η πιο κοντινή στάση λεωφορείου;** [pú íne i pio kondiní stási leoforíu?]
numero	**αριθμός** [ariθmós]
Quale autobus devo prendere per andare a ...?	**Ποιο λεωφορείο πρέπει να πάρω για να πάω ...;** [pio leoforío prépi na páro ja na páo ...?]
Questo autobus va a ...?	**Πάει αυτό το λεωφορείο στ ...;** [pái aftó to leoforío st ...?]
Qual'è la frequenza delle corse degli autobus?	**Κάθε πότε έχει λεωφορείο;** [káθe póte éxi leoforío?]
ogni 15 minuti	**κάθε 15 λεπτά** [káθe ðekapénde leptá]
ogni mezzora	**κάθε μισή ώρα** [káθe misí óra]
ogni ora	**κάθε μία ώρα** [káθe mía óra]
più a volte al giorno	**αρκετές φορές την μέρα** [arketés forés tin méra]
... volte al giorno	**... φορές την μέρα** [... forés tin méra]
orario	**δρομολόγιο** [ðromolʲójo]
Dove posso vedere l'orario?	**Πού μπορώ να δω το δρομολόγιο;** [pú boró na ðo to ðromolʲójo?]
Quando passa il prossimo autobus?	**Πότε είναι το επόμενο λεωφορείο;** [póte íne to epómeno leoforío?]
A che ora è il primo autobus?	**Πότε είναι το πρώτο λεωφορείο;** [póte íne to próto leoforío?]
A che ora è l'ultimo autobus?	**Πότε είναι το τελευταίο λεωφορείο;** [póte íne to teleftéo leoforío?]

fermata	**στάση** [stási]
prossima fermata	**η επόμενη στάση** [i epómeni stási]
ultima fermata	**η τελευταία στάση** [i teleftéa stási]
Può fermarsi qui, per favore.	**Σταματήστε εδώ, παρακαλώ.** [stamatíste eðó, parakalʲó]
Mi scusi, questa è la mia fermata.	**Συγνώμη, εδώ κατεβαίνω.** [siɣnómi, eðó katevéno]

Treno

treno	**τρένο** [tréno]
treno locale	**ηλεκτροκίνητο τρένο** [ilektrokínito tréno]
treno a lunga percorrenza	**τρένο για διαδρομές μεγάλων αποστάσεων** [tréno ja ðiaðromés meɣálʲon apostáseon]
stazione (~ ferroviaria)	**σταθμός τρένου** [staθmós trénu]
Mi scusi, dov'è l'uscita per il binario?	**Συγνώμη, που είναι η έξοδος για την πλατφόρμα επιβίβασης;** [siɣnómi, pu íne i éksoðos ja tin plʲatfórma epivívasis?]
Questo treno va a ...?	**Πηγαίνει αυτό το τρένο στ ...;** [pijéni aftó to tréno st ...?]
il prossimo treno	**επόμενο τρένο** [epómeno tréno]
Quando è il prossimo treno?	**Πότε είναι το επόμενο τρένο;** [póte íne to epómeno tréno?]
Dove posso vedere l'orario?	**Πού μπορώ να δω το δρομολόγιο;** [pú boró na ðo to ðromolʲójo?]
Da quale binario?	**Από ποια πλατφόρμα;** [apó pia plʲatfórma?]
Quando il treno arriva a ... ?	**Πότε φθάνει το τραίνο στο ...;** [póte fθáni to tréno sto ...?]
Mi può aiutare, per favore.	**Παρακαλώ βοηθήστε με.** [parakalʲó voiθíste me]
Sto cercando il mio posto.	**Ψάχνω τη θέση μου.** [psáxno ti θési mu]
Stiamo cercando i nostri posti.	**Ψάχνουμε τις θέσεις μας.** [psáxnume tis θésis mas]
Il mio posto è occupato.	**Η θέση μου είναι πιασμένη.** [i θési mu íne piazméni]
I nostri posti sono occupati.	**Οι θέσεις μας είναι πιασμένες.** [i θésis mas íne piazménes]
Mi scusi, ma questo è il mio posto.	**Συγνώμη αλλά αυτή είναι η θέση μου.** [siɣnómi alʲá aftí íne i θési mu]

E' occupato?	**Είναι αυτή η θέση πιασμένη;** [íne afté i θési piazméni?]
Posso sedermi qui?	**Θα μπορούσα να κάτσω εδώ;** [θa borúsa na kátso eðó?]

Sul treno - Dialogo (Senza il biglietto)

Biglietto per favore.	**Το εισιτήριό σας, παρακαλώ.** [to isitírió sas, parakaló]
Non ho il biglietto.	**Δεν έχω εισιτήριο.** [ðen éxo isitírio]
Ho perso il biglietto.	**Έχασα το εισιτήριο μου.** [éxasa to isitírio mu]
Ho dimenticato il biglietto a casa.	**Ξέχασα το εισιτήριό μου στο σπίτι.** [ksέxasa to isitírió mu sto spíti]
Può acquistare il biglietto da me.	**Μπορώ εγώ να σας εκδώσω εισιτήριο.** [boró eɣó na sas ekðóso isitírio]
Deve anche pagare una multa.	**Πρέπει να πληρώσετε και πρόστιμο.** [prépi na plirósete ke próstimo]
Va bene.	**Εντάξει.** [endáksi]
Dove va?	**Πού πάτε;** [pú páte?]
Vado a ...	**Πηγαίνω στ ...** [pijéno st ...]
Quanto? Non capisco.	**Πόσο κάνει; Δεν καταλαβαίνω.** [póso káni? ðen kataljavéno]
Può scriverlo per favore.	**Γράψτε το παρακαλώ.** [ɣrápste to parakaljó]
D'accordo. Posso pagare con la carta di credito?	**Εντάξει. Μπορώ να πληρώσω με πιστωτική κάρτα;** [endáksi. boró na pliróso me pistotikí kárta?]
Si.	**Ναι μπορείτε.** [ne boríte]
Ecco la sua ricevuta.	**Ορίστε η απόδειξή σας.** [oríste i apóðiksí sas]
Mi dispiace per la multa.	**Συγνώμη για το πρόστιμο.** [siɣnómi ja to próstimo]
Va bene così. È stata colpa mia.	**Είναι εντάξει. Ήταν δικό μου λάθος.** [íne endáksi. ítan ðikó mu ljáθos]
Buon viaggio.	**Καλό ταξίδι.** [kaljó taksíði]

Taxi

taxi	**ταξί** [taksí]
tassista	**οδηγός ταξί** [oðiɣós taksí]
prendere un taxi	**να πάρω ένα ταξί** [na páro éna taksí]
posteggio taxi	**πιάτσα ταξί** [piátsa taksí]
Dove posso prendere un taxi?	**Πού μπορώ να βρω ένα ταξί;** [pú boró na vro éna taksí?]
chiamare un taxi	**καλώ ένα ταξί** [kalʲó éna taksí]
Ho bisogno di un taxi.	**χρειάζομαι ένα ταξί.** [xriázome éna taksí]
Adesso.	**Τώρα.** [tóra]
Qual'è il suo indirizzo?	**Ποια είναι η διεύθυνσή σας;** [pia íne i ðiéfθinsí sas?]
Il mio indirizzo è ...	**Η διεύθυνσή μου είναι ...** [i ðiéfθinsi mu íne ...]
La sua destinazione?	**Πού πηγαίνετε;** [pú pijénete?]
Mi scusi, ...	**Συγνώμη, ...** [siɣnómi, ...]
E' libero?	**Είστε ελεύθερος;** [íste eléfθeros?]
Quanto costa andare a ...?	**Πόσο κοστίζει να πάω μέχρι ...;** [póso kostízi na páo méxri ...?]
Sapete dove si trova?	**Ξέρετε που είναι;** [ksérete pu íne?]
All'aeroporto, per favore.	**Στο αεροδρόμιο, παρακαλώ.** [sto aeroðrómio, parakalʲó]
Si fermi qui, per favore.	**Σταματήστε εδώ, παρακαλώ.** [stamatíste eðó, parakalʲó]
Non è qui.	**Δεν είναι εδώ.** [ðen íne eðó]
È l'indirizzo sbagliato.	**Αυτή είναι λάθος διεύθυνση.** [aftí íne lʲáθos ðiéfθinsi]
Giri a sinistra.	**Στρίψτε αριστερά.** [strípste aristerá]
Giri a destra.	**Στρίψτε δεξιά.** [strípste ðeksiá]

Quanto le devo?	**Τι σας οφείλω;** [ti sas ofílʲo?]
Potrei avere una ricevuta, per favore.	**Θα ήθελα παρακαλώ μία απόδειξη.** [θa íθelʲa parakalʲó mía apóðiksi]
Tenga il resto.	**Κρατήστε τα ρέστα.** [kratíste ta résta]

Può aspettarmi, per favore?	**Μπορείτε παρακαλώ να με περιμένετε;** [boríte parakalʲó na me periménete?]
cinque minuti	**πέντε λεπτά** [pénde leptá]
dieci minuti	**δέκα λεπτά** [ðéka leptá]
quindici minuti	**δεκαπέντε λεπτά** [ðekapénde leptá]
venti minuti	**είκοσι λεπτά** [íkosi leptá]
mezzora	**μισή ώρα** [misí óra]

Hotel

Salve.	**Γεια σας.** [ja sas]
Mi chiamo ...	**Ονομάζομαι ...** [onomázome ...]
Ho prenotato una camera.	**Έχω κάνει μια κράτηση.** [éxo káni mia krátisi]
Ho bisogno di ...	**Χρειάζομαι ...** [xriázome ...]
una camera singola	**ένα μονόκλινο δωμάτιο** [éna monóklino ðomátio]
una camera doppia	**ένα δίκλινο δωμάτιο** [éna ðíklino ðomátio]
Quanto costa questo?	**Πόσο κοστίζει;** [póso kostízi?]
È un po' caro.	**Είναι λίγο ακριβό.** [íne líɣo akrivó]
Avete qualcos'altro?	**Έχετε κάτι άλλο διαθέσιμο;** [éxete káti ál'o ðiaθésimo?]
La prendo.	**Θα το κλείσω.** [θa to klíso]
Pago in contanti.	**Θα πληρώσω μετρητά.** [θa pliróso metritá]
Ho un problema.	**Έχω ένα πρόβλημα.** [éxo éna próvlima]
Il mio ... è rotto.	**Το ... μου είναι σπασμένο.** [to ... mu íne spazméno]
Il mio ... è fuori servizio.	**Το ... μου δεν λειτουργεί.** [to ... mu ðen liturjí]
televisore	**τηλεόραση** [tileórasi]
condizionatore	**κλιματισμός** [klimatizmós]
rubinetto	**βρύση** [vrísi]
doccia	**ντους** [dus]
lavandino	**νιπτήρας** [niptíras]
cassaforte	**χρηματοκιβώτιο** [xrimatokivótio]

serratura	**κλειδαριά** [kliðariá]
presa elettrica	**πρίζα** [príza]
asciugacapelli	**σεσουάρ μαλλιών** [sesuár malión]

Non ho ...	**Δεν έχω καθόλου ...** [ðen éxo kaθólʲu ...]
l'acqua	**νερό** [neró]
la luce	**φως** [fos]
l'elettricità	**ηλεκτρικό ρεύμα** [ilektrikó révma]

Può darmi ...?	**Μπορείτε να μου δώσετε ...;** [boríte na mu ðósete ...?]
un asciugamano	**μια πετσέτα** [mia petséta]
una coperta	**μια κουβέρτα** [mia kuvérta]
delle pantofole	**παντόφλες** [pandófles]
un accappatoio	**μία ρόμπα** [mía róba]
dello shampoo	**σαμπουάν** [sambuán]
del sapone	**σαπούνι** [sapúni]

Vorrei cambiare la camera.	**Θα ήθελα να αλλάξω δωμάτιο.** [θa íθelʲa na alʲákso ðomátio]
Non trovo la chiave.	**Δεν βρίσκω το κλειδί μου.** [ðen vrísko to kliðí mu]
Potrebbe aprire la mia camera, per favore?	**Θα μπορούσατε παρακαλώ να ανοίξετε το δωμάτιό μου;** [θa borúsate parakalʲó na aníksete to ðomátió mu?]
Chi è?	**Ποιος είναι;** [pios íne?]
Avanti!	**Περάστε!** [peráste!]
Un attimo!	**Μια στιγμή!** [mia stiγmí!]

Non adesso, per favore.	**Όχι τώρα, παρακαλώ.** [óxi tóra, parakalʲó]
Può venire nella mia camera, per favore.	**Παρακαλώ, μπείτε στο δωμάτιό μου.** [parakalʲó, bíte sto ðomátió mu]

Vorrei ordinare qualcosa da mangiare.	**Θα ήθελα να παραγγείλω φαγητό στο δωμάτιο.** [θa íθelʲa na parangílʲo fajitó sto ðomátio]
Il mio numero di camera è ...	**Ο αριθμός δωματίου μου είναι ...** [o ariθmós ðomatíu mu íne ...]
Parto ...	**Φεύγω ...** [févɣo ...]
Partiamo ...	**Φεύγουμε ...** [févɣume ...]
adesso	**τώρα** [tóra]
questo pomeriggio	**σήμερα το απόγευμα** [símera to apójevma]
stasera	**απόψε** [apópse]
domani	**αύριο** [ávrio]
domani mattina	**αύριο το πρωί** [ávrio to proí]
domani sera	**αύριο βράδυ** [ávrio vráði]
dopodomani	**μεθαύριο** [meθávrio]

Vorrei pagare.	**Θα ήθελα να πληρώσω.** [θa íθelʲa na pliróso]
È stato tutto magnifico.	**Όλα ήταν υπέροχα.** [ólʲa ítan ipéroxa]
Dove posso prendere un taxi?	**Πού μπορώ να πάρω ένα ταξί;** [pú boró na páro éna taksí?]
Potrebbe chiamarmi un taxi, per favore?	**Μπορείτε παρακαλώ να καλέσετε ένα ταξί για μένα;** [boríte parakalʲó na kalésete éna taksí ja ména?]

Al Ristorante

Posso vedere il menù, per favore?	**Μπορώ να έχω έναν κατάλογο παρακαλώ;** [boró na éxo énan katálʲoγo parakalʲó?]
Un tavolo per una persona.	**Τραπέζι για ένα άτομο.** [trapézi ja éna átomo]
Siamo in due (tre, quattro).	**Είμαστε δύο (τρία, τέσσερα) άτομα.** [ímaste ðío (tría, tésera) átoma]

Fumatori	**Επιτρέπεται Κάπνισμα** [epitrépete kápnizma]
Non fumatori	**Απαγορεύεται το κάπνισμα** [apaγorévete to kápnizma]
Mi scusi!	**Συγνώμη!** [siγnómi!]
il menù	**κατάλογος φαγητού** [katálʲoγos fajitú]
la lista dei vini	**κατάλογος κρασιών** [katálʲoγos krasión]
Posso avere il menù, per favore.	**Τον κατάλογο, παρακαλώ.** [ton katálʲoγo, parakalʲó]

È pronto per ordinare?	**Είστε έτοιμος να παραγγείλετε;** [íste étimos na parangílete?]
Cosa gradisce?	**Τι θα πάρετε;** [ti θa párete?]
Prendo ...	**Θα πάρω ...** [θa páro ...]

Sono vegetariano.	**Είμαι χορτοφάγος.** [íme xortofáγos]
carne	**κρέας** [kréas]
pesce	**ψάρι** [psári]
verdure	**λαχανικά** [lʲaxaniká]
Avete dei piatti vegetariani?	**Έχετε πιάτα για χορτοφάγους;** [éxete piáta ja xortofágus?]
Non mangio carne di maiale.	**Δεν τρώω χοιρινό.** [ðen tróo xirinó]
Lui /lei/ non mangia la carne.	**Αυτός /αυτή/ δεν τρώει κρέας.** [aftós /aftí/ ðen trói kréas]

Sono allergico a ...	**Είμαι αλλεργικός στο ...** [íme alerʝikós sto ...]
Potrebbe portarmi ...	**Μπορείτε παρακαλώ να μου φέρετε ...** [boríte parakalʲó na mu férete ...]
del sale | del pepe | dello zucchero	**αλάτι | πιπέρι | ζάχαρη** [alʲáti | pipéri | záxari]
un caffè | un tè | un dolce	**καφέ | τσάι | επιδόρπιο** [kafé | tsái | epiðórpio]
dell'acqua | frizzante | naturale	**νερό | ανθρακούχο | φυσικό μεταλλικό** [neró | anθrakúxo | fisikó metalikó]
un cucchiaio | una forchetta | un coltello	**ένα κουτάλι | πιρούνι | μαχαίρι** [éna kutáli | pirúni | maxéri]
un piatto | un tovagliolo	**ένα πιάτο | πετσέτα** [éna piáto | petséta]

Buon appetito!	**Καλή όρεξη!** [kalí óreksi!]
Un altro, per favore.	**Ένα ακόμα, παρακαλώ.** [éna akóma, parakalʲó]
È stato squisito.	**Ήταν πολύ νόστιμο.** [ítan polí nóstimo]

il conto | il resto | la mancia	**λογαριασμός | ρέστα | πουρμπουάρ** [lʲoɣariazmóς | résta | purbuár]
Il conto, per favore.	**Τον λογαριασμό, παρακαλώ.** [ton lʲoɣariazmó, parakalʲó]
Posso pagare con la carta di credito?	**Μπορώ να πληρώσω με πιστωτική κάρτα;** [boró na pliróso me pistotikí kárta?]
Mi scusi, c'è un errore.	**Συγνώμη, εδώ υπάρχει ένα λάθος.** [siɣnómi, eðó ipárxi éna lʲáθos]

Shopping

Posso aiutarla?	**Τι θα θέλατε παρακαλώ;** [ti θa θélʲate parakalʲó?]
Avete …?	**Έχετε …;** [éxete …?]
Sto cercando …	**Ψάχνω για …** [psáxno ja …]
Ho bisogno di …	**Χρειάζομαι …** [xriázome …]
Sto guardando.	**Ρίχνω απλώς μία ματιά.** [ríxno aplʲós mía matiá]
Stiamo guardando.	**Ρίχνουμε απλώς μία ματιά.** [ríxnume aplʲós mía matiá]
Ripasserò più tardi.	**Θα ξαναέρθω αργότερα.** [θa ksanaérθo aryótera]
Ripasseremo più tardi.	**Θα ξαναέρθουμε αργότερα.** [θa ksanaérθume aryótera]
sconti | saldi	**εκπτώσεις | πώληση με προσφορά** [ekptósis | pólisi me prosforá]
Per favore, mi può far vedere …?	**Μπορείτε παρακαλώ να μου δείξετε …** [boríte parakalʲó na mu ðíksete …]
Per favore, potrebbe darmi …	**Μπορείτε παρακαλώ να μου δώσετε …** [boríte parakalʲó na mu ðósete …]
Posso provarlo?	**Μπορώ να το δοκιμάσω;** [boró na to ðokimáso?]
Mi scusi, dov'è il camerino?	**Συγνώμη, που είναι το δοκιμαστήριο;** [siynómi, pu íne to ðokimastírio?]
Che colore desidera?	**Ποιο χρώμα θα θέλατε;** [pio xróma θa θélʲate?]
taglia | lunghezza	**μέγεθος | νούμερο** [méjeθos | número]
Come le sta?	**Μου πάει;** [mu pái?]
Quanto costa questo?	**Πόσο κάνει;** [póso káni?]
È troppo caro.	**Είναι πολύ ακριβό.** [íne polí akrivó]

Lo prendo.	**Θα το πάρω.** [θa to páro]
Mi scusi, dov'è la cassa?	**Συγνώμη, που μπορώ να πληρώσω;** [siɣnómi, pu boró na pliróso?]
Paga in contanti o con carta di credito?	**Θα πληρώσετε με μετρητά ή με πιστωτική κάρτα;** [θa plirósete me metritá í me pistotikí kárta?]
In contanti | con carta di credito	**Τοις μετρητοίς | με πιστωτική κάρτα** [tis metritoís | me pistotikí kárta]

Vuole lo scontrino?	**Θέλετε απόδειξη;** [θélete apóðiksi?]
Si, grazie.	**Ναι παρακαλώ.** [ne parakalʲó]
No, va bene così.	**Όχι, είναι εντάξει.** [óxi, íne endáksi]
Grazie. Buona giornata!	**Ευχαριστώ. Καλή σας μέρα!** [efxaristó. kalí sas méra!]

In città

Mi scusi, per favore ...	**Με συγχωρείτε, ...** [me sinxoríte, ...]
Sto cercando ...	**Ψάχνω για ...** [psáxno ja ...]
la metropolitana	**μετρό** [metró]
il mio albergo	**το ξενοδοχείο μου** [to ksenoðoxío mu]
il cinema	**σινεμά** [sinemá]
il posteggio taxi	**πιάτσα ταξί** [piátsa taksí]

un bancomat	**ΑΤΜ** [eitiém]
un ufficio dei cambi	**ανταλλακτήριο συναλλάγματος** [adalʲaktírio sinalʲáɣmatos]
un internet café	**ίντερνετ καφέ** [ínternet kafé]
via ...	**την οδό ...** [tin oðó ...]
questo posto	**αυτό το μέρος** [aftó to méros]

Sa dove si trova ...?	**Ξέρετε πού είναι ...;** [ksérete pú íne ...?]
Come si chiama questa via?	**Ποια οδός είναι αυτή;** [pia oðós íne aftí?]
Può mostrarmi dove ci troviamo?	**Δείξετε μου που βρισκόμαστε αυτή τη στιγμή.** [ðíksete mu pu vriskómaste aftí ti stiɣmí]
Posso andarci a piedi?	**Μπορώ να πάω εκεί με τα πόδια;** [boró na páo ekí me ta póðia?]
Avete la piantina della città?	**Μήπως έχετε χάρτη της πόλης;** [mípos éxete xárti tis pólis?]

Quanto costa un biglietto?	**Πόσο κάνει το εισιτήριο για να μπέις μέσα;** [póso káni to isitírio ja na béis mésa?]
Si può fotografare?	**Μπορώ να βγάλω φωτογραφίες εδώ;** [boró na vɣálʲo fotografíes eðó?]

E' aperto?

Είστε ανοικτά;
[íste aniktá?]

Quando aprite?

Πότε ανοίγετε;
[póte aníjete?]

Quando chiudete?

Πότε κλείνετε;
[póte klínete?]

Soldi

Soldi	**χρήματα** [xrímata]
contanti	**μετρητά** [metritá]
banconote	**χαρτονομίσματα** [xartonomízmata]
monete	**ρέστα** [résta]
conto | resto | mancia	**λογαριασμός | ρέστα | πουρμπουάρ** [lʲoɣariazmós | résta | purbuár]
carta di credito	**πιστωτική κάρτα** [pistotikí kárta]
portafoglio	**πορτοφόλι** [portofóli]
comprare	**αγοράζω** [aɣorázo]
pagare	**πληρώνω** [pliróno]
multa	**πρόστιμο** [próstimo]
gratuito	**δωρεάν** [ðoreán]
Dove posso comprare ...?	**Πού μπορώ να αγοράσω ...;** [pú boró na aɣoráso ...?]
La banca è aperta adesso?	**Είναι τώρα η τράπεζα ανοιχτή;** [íne tóra i trápeza anixtí?]
Quando apre?	**Πότε ανοίγει;** [póte aníʝi?]
Quando chiude?	**Πότε κλείνει;** [póte klíni?]
Quanto costa?	**Πόσο κάνει;** [póso káni?]
Quanto costa questo?	**Πόσο κάνει αυτό;** [póso káni aftó?]
È troppo caro.	**Είναι πολύ ακριβό.** [íne polí akrivó]
Scusi, dov'è la cassa?	**Συγνώμη, που μπορώ να πληρώσω;** [siɣnómi, pu boró na pliróso?]
Il conto, per favore.	**Τον λογαριασμό, παρακαλώ.** [ton lʲoɣariazmó, parakalʲó]

Posso pagare con la carta di credito?	**Μπορώ να πληρώσω με πιστωτική κάρτα;** [boró na pliróso me pistotikí kárta?]
C'è un bancomat?	**Μήπως υπάρχει εδώ κοντά κάποιο ATM;** [mípos ipárxi eðó kondá kápio eitiém?]
Sto cercando un bancomat.	**Ψάχνω να βρω ένα ATM.** [psáxno ʝa na vro éna eitiém]
Sto cercando un ufficio dei cambi.	**Ψάχνω για ένα ανταλλακτήριο συναλλάγματος.** [psáxno ʝa éna andalʲaktírio sinalʲáɣmatos]
Vorrei cambiare ...	**Θα ήθελα να αλλάξω ...** [θa íθelʲa na alʲákso ...]
Quanto è il tasso di cambio?	**Ποια είναι η τιμή συναλλάγματος;** [pia íne i timí sinalʲáɣmatos?]
Ha bisogno del mio passaporto?	**Θέλετε το διαβατήριο μου;** [θélete to ðiavatírio mu?]

Le ore

Che ore sono?	**Τι ώρα είναι;** [ti óra íne?]
Quando?	**Πότε;** [póte?]
A che ora?	**Τι ώρα;** [ti óra?]
adesso | più tardi | dopo ...	**τώρα | αργότερα | μετά ...** [tóra | arɣótera | metá ...]
l'una	**μία η ώρα** [mía i óra]
l'una e un quarto	**μία και τέταρτο** [mía ke tétarto]
l'una e trenta	**μία και μισή** [mía ke misí]
l'una e quarantacinque	**δύο παρά τέταρτο** [ðío pará tétarto]
uno | due | tre	**μία | δύο | τρις** [mía | ðío | tris]
quattro | cinque | sei	**τέσσερις | πέντε | έξι** [téseris | pénde | éksi]
sette | otto | nove	**επτά | οκτώ | εννέα** [eptá | októ | enéa]
dieci | undici | dodici	**δέκα | έντεκα | δώδεκα** [ðéka | éndeka | ðóðeka]
fra ...	**σε ...** [se ...]
cinque minuti	**πέντε λεπτά** [pénde leptá]
dieci minuti	**δέκα λεπτά** [ðéka leptá]
quindici minuti	**δεκαπέντε λεπτά** [ðekapénde leptá]
venti minuti	**είκοσι λεπτά** [íkosi leptá]
mezzora	**μισή ώρα** [misí óra]
un'ora	**μια ώρα** [mia óra]

la mattina	**το πρωί** [to proí]
la mattina presto	**νωρίς το πρωί** [norís to proí]
questa mattina	**σήμερα το πρωί** [símera to proí]
domani mattina	**αύριο το πρωί** [ávrio to proí]

all'ora di pranzo	**την ώρα του μεσημεριανού** [tin óra tu mesimerianú]
nel pomeriggio	**το απόγευμα** [to apójevma]
la sera	**το βράδυ** [to vráði]
stasera	**απόψε** [apópse]

la notte	**την νύχτα** [tin níxta]
ieri	**εχθές** [exθés]
oggi	**σήμερα** [símera]
domani	**αύριο** [ávrio]
dopodomani	**μεθαύριο** [meθávrio]

Che giorno è oggi?	**Τι μέρα είναι σήμερα;** [ti méra íne símera?]
Oggi è ...	**Είναι ...** [íne ...]
lunedì	**Δευτέρα** [ðeftéra]
martedì	**Τρίτη** [tríti]
mercoledì	**Τετάρτη** [tetárti]

giovedì	**Πέμπτη** [pémpti]
venerdì	**Παρασκευή** [paraskeví]
sabato	**Σάββατο** [sávato]
domenica	**Κυριακή** [kiriakí]

Saluti - Presentazione

Salve.	**Γεια σας.** [ʝa sas]
Lieto di conoscerla.	**Χάρηκα που σας γνώρισα.** [xárika pu sas ɣnórisa]
Il piacere è mio.	**Και εγώ επίσης.** [ke eɣó epísis]
Vi presento ...	**Θα ήθελα να συναντήσεις ...** [θa íθelʲa na sinandísis ...]
Molto piacere.	**Χαίρομαι που σας γνωρίζω.** [xérome pu sas ɣnorízo]

Come sta?	**Τι κάνετε; Πώς είστε;** [ti kánete? pós íste?]
Mi chiamo ...	**Ονομάζομαι ...** [onomázome ...]
Si chiama ... (m)	**Το όνομά του είναι ...** [to ónomá tu íne ...]
Si chiama ... (f)	**Το όνομά της είναι ...** [to ónomá tes íne ...]
Come si chiama?	**Πώς ονομάζεστε;** [pós onomázeste?]
Come si chiama lui?	**Πώς ονομάζεται;** [pós onomázete?]
Come si chiama lei?	**Πώς ονομάζεται;** [pós onomázete?]

Qual'è il suo cognome?	**Ποιο είναι το επώνυμό σας;** [pio íne to epónimó sas?]
Può chiamarmi ...	**Μπορείτε να με λέτε ...** [boríte na me léte ...]
Da dove viene?	**Από πού είστε;** [apó pú íste?]
Vengo da ...	**Είμαι από ...** [íme apó ...]
Che lavoro fa?	**Ποιο είναι το επάγγελμά σας;** [pio íne to epángelʲmá sas?]
Chi è?	**Ποιος είναι αυτός ο άνθρωπος;** [pios íne aftós o ánθropos?]
Chi è lui?	**Ποιος είναι αυτός;** [pios íne aftós?]
Chi è lei?	**Ποια είναι αυτή;** [pia íne aftí?]
Chi sono loro?	**Ποιοι είναι αυτοί;** [pii íne aftí?]

Questo è ...	**Αυτός είναι ...** [aftós íne ...]
il mio amico	**ο φίλος μου** [o fílʲos mu]
la mia amica	**η φίλη μου** [i fíli mu]
mio marito	**ο σύζυγός μου** [o síziɣós mu]
mia moglie	**η σύζυγός μου** [i síziɣós mu]

mio padre	**ο πατέρας μου** [o patéras mu]
mia madre	**η μητέρα μου** [i mitéra mu]
mio fratello	**ο αδελφός μου** [o aðelʲfós mu]
mia sorella	**η αδελφή μου** [i aðelʲfí mu]
mio figlio	**ο γιός μου** [o ʝiós mu]
mia figlia	**η κόρη μου** [i kóri mu]

Questo è nostro figlio.	**Αυτός είναι ο γιός μας.** [aftós íne o ʝiós mas]
Questa è nostra figlia.	**Αυτή είναι η κόρη μας.** [aftí íne i kóri mas]
Questi sono i miei figli.	**Αυτά είναι τα παιδιά μου.** [aftá íne ta peðiá mu]
Questi sono i nostri figli.	**Αυτά είναι τα παιδιά μας.** [aftá íne ta peðiá mas]

Saluti di commiato

Arrivederci!	**Αντίο!** [adío!]
Ciao!	**Γεια σου!** [ja su!]
A domani.	**Θα σας δω αύριο.** [θa sas ðo ávrio]
A presto.	**Θα σε δω σύντομα.** [θa se ðo síndoma]
Ci vediamo alle sette.	**Θα σε δω στις επτά.** [θa se ðo stis eptá]
Divertitevi!	**Καλή διασκέδαση!** [kalí ðiaskéðasi!]
Ci sentiamo più tardi.	**Θα τα πούμε αργότερα.** [θa ta púme arɣótera]
Buon fine settimana.	**Καλό σαββατοκύριακο.** [kalʲó savatokíriako]
Buona notte	**Καλή νύχτα σας.** [kalí níxta sas]
Adesso devo andare.	**Είναι ώρα να πηγαίνω.** [íne óra na pijéno]
Devo andare.	**Πρέπει να φύγω.** [prépi na fíɣo]
Torno subito.	**Θα γυρίσω αμέσως.** [θa jiríso amésos]
È tardi.	**Είναι αργά.** [íne arɣá]
Domani devo alzarmi presto.	**Πρέπει να ξυπνήσω νωρίς.** [prépi na ksipníso norís]
Parto domani.	**Φεύγω αύριο.** [févɣo ávrio]
Partiamo domani.	**Φεύγουμε αύριο.** [févɣume ávrio]
Buon viaggio!	**Καλό σας ταξίδι!** [kalʲó sas taksíði!]
È stato un piacere conoscerla.	**Χάρηκα που σας γνώρισα.** [xárika pu sas ɣnórisa]
È stato un piacere parlare con lei.	**Χάρηκα που μιλήσαμε.** [xárika pu milísame]
Grazie di tutto.	**Ευχαριστώ για όλα.** [efxaristó ja ólʲa]

Mi sono divertito.	**Πέρασα πολύ καλά.** [pérasa polí kalʲá]
Ci siamo divertiti.	**Περάσαμε πολύ καλά.** [perásame polí kalʲá]
È stato straordinario.	**Ήταν πραγματικά υπέροχα.** [ítan praɣmatiká ipéroxa]
Mi mancherà.	**Θα μου λείψετε.** [θa mu lípsete]
Ci mancherà.	**Θα μας λείψετε.** [θa mas lípsete]

Buona fortuna!	**Καλή τύχη!** [kalí tíxi!]
Mi saluti ...	**Χαιρετίσματα σε ...** [xeretízmata se ...]

Lingua straniera

Non capisco.	**Δεν καταλαβαίνω.** [ðen katalʲavéno]
Può scriverlo, per favore.	**Μπορείτε σας παρακαλώ να το γράψετε;** [boríte sas parakalʲó na to ɣrápsete?]
Parla ...?	**Μιλάτε ...;** [milʲáte ...?]
Parlo un po' ...	**Μιλάω λίγο ...** [milʲáo líɣo ...]
inglese	**αγγλικά** [angliká]
turco	**τουρκικά** [turkiká]
arabo	**αραβικά** [araviká]
francese	**γαλλικά** [ɣaliká]
tedesco	**γερμανικά** [ʝermaniká]
italiano	**ιταλικά** [italiká]
spagnolo	**ισπανικά** [ispaniká]
portoghese	**πορτογαλικά** [portoɣaliká]
cinese	**κινέζικα** [kinézika]
giapponese	**ιαπωνικά** [japoniká]
Può ripetere, per favore.	**Μπορείτε παρακαλώ να το επαναλάβετε;** [boríte parakalʲó na to epanalʲávete?]
Capisco.	**Καταλαβαίνω.** [katalʲavéno]
Non capisco.	**Δεν καταλαβαίνω.** [ðen katalʲavéno]
Può parlare più piano, per favore.	**Παρακαλώ μιλάτε πιο αργά.** [parakalʲó milʲáte pio arɣá]

È corretto?

Είναι σωστό αυτό;
[íne sostó aftó?]

Cos'è questo? (Cosa significa?)

Τι είναι αυτό;
[ti íne aftó?]

Chiedere scusa

Mi scusi, per favore.	**Με συγχωρείτε, παρακαλώ.** [me sinxoríte, parakalʲó]
Mi dispiace.	**Λυπάμαι.** [lipáme]
Mi dispiace molto.	**Λυπάμαι πολύ.** [lipáme polí]
Mi dispiace, è colpa mia.	**Με συγχωρείτε, ήταν λάθος μου.** [me sinxoríte, ítan lʲáθos mu]
È stato un mio errore.	**Είναι λάθος μου.** [íne lʲáθos mu]

Posso ...?	**Θα μπορούσα να ...;** [θa borúsa na ...?]
Le dispiace se ...?	**Θα σας πείραζε να ...;** [θa sas píraze na ...?]
Non fa niente.	**Είναι εντάξει.** [íne endáksi]
Tutto bene.	**Εντάξει.** [endáksi]
Non si preoccupi.	**Μην σας απασχολεί.** [min sas apasxolí]

Essere d'accordo

Sì.	**Ναι.** [ne]
Sì, certo.	**Ναι, φυσικά.** [ne, fisiká]
Bene.	**Εντάξει! Καλά!** [endáksi! kalʲá!]
Molto bene.	**Πολύ καλά.** [polí kalʲá]
Certamente!	**Φυσικά!** [fisiká!]
Sono d'accordo.	**Συμφωνώ.** [simfonó]

Esatto.	**Αυτό είναι σωστό.** [aftó íne sostó]
Giusto.	**Σωστά.** [sostá]
Ha ragione.	**Έχετε δίκιο.** [éxete ðíkio]
È lo stesso.	**Δεν με πειράζει.** [ðen me pirázi]
È assolutamente corretto.	**Απολύτως σωστό.** [apolítos sostó]

È possibile.	**Είναι πιθανό.** [íne piθanó]
È una buona idea.	**Είναι μία καλή ιδέα.** [íne mía kalí iðéa]
Non posso dire di no.	**Δεν μπορώ να αρνηθώ.** [ðen boró na arniθó]
Ne sarei lieto /lieta/.	**Βεβαίως.** [vevéos]
Con piacere.	**Ευχαρίστως.** [efxarístos]

Diniego. Esprimere incertezza

No.	**Όχι.** [óxi]
Sicuramente no.	**Βέβαια όχι.** [vévea óxi]
Non sono d'accordo.	**Δεν συμφωνώ.** [ðen simfonó]
Non penso.	**Δεν νομίζω** [ðen nomízo]
Non è vero.	**Δεν είναι αλήθεια.** [ðen íne alíθia]
Si sbaglia.	**Κάνετε λάθος.** [kánete lʲáθos]
Penso che lei si stia sbagliando.	**Νομίζω ότι κάνετε λάθος.** [nomízo óti kánete lʲáθos]
Non sono sicuro.	**Δεν είμαι σίγουρος.** [ðen íme síɣuros]
È impossibile.	**Είναι αδύνατο.** [íne aðínato]
Assolutamente no!	**Τίποτα τέτοιο!** [típota tétio!]
Esattamente il contrario!	**Το ακριβώς αντίθετο.** [to akrivós andíθeto]
Sono contro.	**Διαφωνώ με αυτό.** [ðiafonó me aftó]
Non m'interessa.	**Δεν με νοιάζει.** [ðen me niázi]
Non ne ho idea.	**Δεν έχω ιδέα.** [ðen éxo iðéa]
Dubito che sia così.	**Δεν νομίζω** [ðen nomízo]
Mi dispiace, non posso.	**Με συγχωρείτε, δεν μπορώ.** [me sinxoríte, ðen boró]
Mi dispiace, non voglio.	**Με συγχωρείτε, δεν θέλω να.** [me sinxoríte, ðen θélʲo na]
Non ne ho bisogno, grazie.	**Ευχαριστώ, αλλά δεν το χρειάζομαι αυτό.** [efxaristó, alʲá ðen to xriázome aftó]

È già tardi.	**Είναι αργά.** [íne arɣá]
Devo alzarmi presto.	**Πρέπει να σηκωθώ νωρίς.** [prépi na sekoθó norís]
Non mi sento bene.	**Δεν αισθάνομαι καλά.** [ðen esθánome kalʲá]

Esprimere gratitude

Grazie.	**Σας ευχαριστώ.** [sas efxaristó]
Grazie mille.	**Σας ευχαριστώ πολύ.** [sas efxaristó polí]
Le sono riconoscente.	**Το εκτιμώ πολύ.** [to ektimó polí]
Le sono davvero grato.	**Σας είμαι πραγματικά ευγνώμων.** [sas íme praɣmatiká evɣnómon]
Le siamo davvero grati.	**Σας είμαστε πραγματικά ευγνώμονες.** [sas ímaste praɣmatiká evɣnómones]
Grazie per la sua disponibilità.	**Σας ευχαριστώ για τον χρόνο σας.** [sas efxaristó ja ton xróno sas]
Grazie di tutto.	**Ευχαριστώ για όλα.** [efxaristó ja ólʲa]
Grazie per …	**Σας ευχαριστώ για …** [sas efxaristó ja …]
il suo aiuto	**την βοήθειά σας** [tin voíθiá sas]
il bellissimo tempo	**να περάσετε καλά** [na perásete kalʲá]
il delizioso pranzo	**ένα υπέροχο γεύμα** [éna ipéroxo jévma]
la bella serata	**ένα ευχάριστο βράδυ** [éna efxáristo vráði]
la bella giornata	**μια υπέροχη μέρα** [mia ipéroxi méra]
la splendida gita	**ένα καταπληκτικό ταξίδι** [éna katapliktikó taksíði]
Non c'è di che.	**Δεν είναι τίποτα** [ðen íne típota]
Prego.	**Παρακαλώ, δεν κάνει τίποτα.** [parakalʲó, ðen káni típota]
Con piacere.	**Οποτεδήποτε.** [opoteðípote]
È stato un piacere.	**Είναι ευχαρίστηση μου.** [íne efxarístisi mu]
Non ci pensi neanche.	**Ξέχνα το.** [kséxna to]
Non si preoccupi.	**Μην σας απασχολεί.** [min sas apasxolí]

Congratulazioni. Auguri

Congratulazioni!	**Συγχαρητήρια!** [sinxaritíria!]
Buon compleanno!	**Χρόνια πολλά!** [xrónia polʲá!]
Buon Natale!	**Καλά Χριστούγεννα!** [kalʲá xristúʝena!]
Felice Anno Nuovo!	**Καλή Χρονιά!** [kalí xroniá!]
Buona Pasqua!	**Καλό Πάσχα!** [kalʲó pásxa!]
Felice Hanukkah!	**Καλό Χάνουκα!** [kalʲó xánuka!]
Vorrei fare un brindisi.	**Θα ήθελα να κάνω μία πρόποση** [θa íθelʲa na káno mía próposi]
Salute!	**Γεια μας!** [ʝa mas!]
Beviamo a ...!	**Ας πιούμε στην υγειά του ...!** [as piúme stin iʝiá tu ...!]
Al nostro successo!	**Στην επιτυχία μας!** [stin epitixía mas!]
Al suo successo!	**Στην επιτυχία σας!** [stin epitixía sas!]
Buona fortuna!	**Καλή τύχη!** [kalí tíxi]
Buona giornata!	**Να έχετε μια ευχάριστη μέρα!** [na éxete mia efxáristi méra!]
Buone vacanze!	**Καλές διακοπές!** [kalés ðiakopés!]
Buon viaggio!	**Να έχετε ένα ασφαλές ταξίδι!** [na éxete éna asfalés taksíði!]
Spero guarisca presto!	**Ελπίζω να αναρρώσετε σύντομα!** [elʲpízo na anarósete síntoma!]

Socializzare

Perchè è triste?	**Γιατί είστε λυπημένος;** [jatí íste lipeménos?]
Sorrida!	**Χαμογελάστε!** [xamojelʲáste!]
È libero stasera?	**Έχετε χρόνο απόψε;** [éxete xróno apópse?]
Posso offrirle qualcosa da bere?	**Θα μπορούσα να σας προσφέρω ένα ποτό;** [θa borúsa na sas prosféro éna potó?]
Vuole ballare?	**Θα θέλατε να χορέψουμε;** [θa θélʲate na xorépsume?]
Andiamo al cinema.	**Πάμε σινεμά.** [páme sinemá]
Posso invitarla ...?	**Θα μπορούσα να σας προσκαλέσω σε ...;** [θa borúsa na sas proskaléso se ...?]
al ristorante	**δείπνο** [ðípno]
al cinema	**σινεμά** [sinemá]
a teatro	**θέατρο** [θéatro]
a fare una passeggiata	**για μια βόλτα** [ja mia vólʲta]
A che ora?	**Τι ώρα;** [ti óra?]
stasera	**απόψε** [apópse]
alle sei	**στις έξι** [stis éksi]
alle sette	**στις επτά** [stis eptá]
alle otto	**στις οκτώ** [stis októ]
alle nove	**στις εννέα** [stis enéa]
Le piace qui?	**Σας αρέσει εδώ;** [sas arési eðó?]

È qui con qualcuno?	**Είστε εδώ με κάποιον;** [íste eðó me kápion?]
Sono con un amico /una amica/.	**Είμαι με τον φίλο μου.** [íme me ton fílʲo mu]
Sono con i miei amici.	**Είμαι με τους φίλους μου.** [íme me tus fílʲus mu]
No, sono da solo /sola/.	**Όχι, είμαι μόνος /μόνη/.** [óxi, íme mónos /móni/]
Hai il ragazzo?	**Έχεις αγόρι;** [éxis aɣóri?]
Ho il ragazzo.	**Έχω αγόρι.** [éxo aɣóri]
Hai la ragazza?	**Έχεις κορίτσι;** [éxis korítsi?]
Ho la ragazza.	**Έχω κορίτσι.** [éxo korítsi]
Posso rivederti?	**Θέλεις να ξαναβρεθούμε;** [θélis na ksanavreθúme?]
Posso chiamarti?	**Μπορώ να σου τηλεφωνήσω;** [boró na su tilefoníso?]
Chiamami.	**Πάρε με τηλέφωνο.** [páre me tiléfono]
Qual'è il tuo numero?	**Ποιος είναι ο αριθμός σου;** [pios íne o ariθmós su?]
Mi manchi.	**Μου λείπεις.** [mu lípis]
Ha un bel nome.	**Έχετε ωραίο όνομα.** [éxete oréo ónoma]
Ti amo.	**Σ'αγαπώ.** [saɣapó]
Mi vuoi sposare?	**Θα με παντρευτείς;** [θa me pandreftís?]
Sta scherzando!	**Αστειεύεστε!** [astiéveste!]
Sto scherzando.	**Απλώς αστειεύομαι.** [aplʲós astiévome]
Lo dice sul serio?	**Μιλάτε σοβαρά;** [milʲáte sovará?]
Sono serio.	**Μιλώ σοβαρά.** [milʲó sovará]
Davvero?!	**Αλήθεια;** [alíθia?]
È incredibile!	**Είναι απίστευτο!** [íne apístefto!]
Non le credo.	**Δεν σας πιστεύω.** [ðen sas pistévo]
Non posso.	**Δεν μπορώ.** [ðen boró]

No so.	**Δεν ξέρω.** [ðen kséro]
Non la capisco.	**Δεν σας καταλαβαίνω.** [ðen sas kataljavéno]
Per favore, vada via.	**Παρακαλώ φύγετε.** [parakaljó fíjete]
Mi lasci in pace!	**Αφήστε με ήσυχη!** [afíste me ésixi!]

Non lo sopporto.	**Δεν τον αντέχω.** [ðen ton adéxo]
Lei è disgustoso!	**Είστε απαίσιος!** [íste apésios!]
Chiamo la polizia!	**Θα καλέσω την αστυνομία!** [θa kaléso tin astinomía!]

Comunicare impressioni ed emozioni

Mi piace.	**Μου αρέσει.** [mu arési]
Molto carino.	**Πολύ ωραίο.** [polí oréo]
È formidabile!	**Είναι θαυμάσιο!** [íne θavmásio!]
Non è male.	**Δεν είναι κακό.** [ðen íne kakó]

Non mi piace.	**Δεν μου αρέσει.** [ðen mu arési]
Non è buono.	**Δεν είναι καλό.** [ðen íne kalʲó]
È cattivo.	**Είναι κακό.** [íne kakó]
È molto cattivo.	**Είναι πολύ κακό.** [íne polí kakó]
È disgustoso.	**Είναι αηδιαστικό.** [íne aiðiastikó]

Sono felice.	**Είμαι χαρούμενος /χαρούμενη/.** [íme xarúmenos /xarúmeni/]
Sono contento /contenta/.	**Είμαι ικανοποιημένος /ικανοποιημένη/.** [íme ikanopiménos /ikanopiméni/]
Sono innamorato /innamorata/.	**Είμαι ερωτευμένος /ερωτευμένη/.** [íme erotevménos /erotevméni/]
Sono calmo.	**Είμαι ήρεμος /ήρεμη/.** [íme íremos /íremi/]
Sono annoiato.	**Βαριέμαι.** [variéme]
Sono stanco /stanca/.	**Είμαι κουρασμένος /κουρασμένη/.** [íme kurazménos /kurazméni/]
Sono triste.	**Είμαι στενοχωρημένος /στενοχωρημένη/.** [íme stenoxoriménos /stenoxoriméni/]
Sono spaventato.	**Φοβάμαι.** [fováme]
Sono arrabbiato /arrabiata/.	**Είμαι θυμωμένος /θυμωμένη/.** [íme θimoménos /θimoméni/]
Sono preoccupato /preoccupata/.	**Ανησυχώ** [anesixó]

Sono nervoso /nervosa/.	**Είμαι νευρικός /νευρική/.** [íme nevrikós /nevrikí/]
Sono geloso /gelosa/.	**Ζηλεύω.** [zilévo]
Sono sorpreso /sorpresa/.	**Εκπλήσσομαι.** [ekplísome]
Sono perplesso.	**Νιώθω αμήχανα.** [nióθo amíxana]

Problemi. Incidenti

Ho un problema.	**Έχω ένα πρόβλημα.** [éxo éna próvlima]
Abbiamo un problema.	**Έχουμε ένα πρόβλημα.** [éxume éna próvlima]
Sono perso /persa/.	**Χάθηκα.** [xáθika]
Ho perso l'ultimo autobus (treno).	**Έχασα το τελευταίο λεωφορείο (τρένο).** [éxasa to teleftéo leoforío (tréno)]
Non ho più soldi.	**Δεν έχω άλλα χρήματα.** [ðen éxo álʲa xrímata]

Ho perso ...	**Έχασα το ... μου** [éxasa to ... mu]
Mi hanno rubato ...	**Μου έκλεψαν το ... μου** [mu éklepsan to ... mu]
il passaporto	**διαβατήριο** [ðiavatírio]
il portafoglio	**πορτοφόλι** [portofóli]
i documenti	**χαρτιά** [xartiá]
il biglietto	**εισιτήριο** [isitírio]

i soldi	**χρήματα** [xrímata]
la borsa	**τσάντα** [tsánda]
la macchina fotografica	**κάμερα** [kámera]
il computer portatile	**λάπτοπ** [lʲáptop]
il tablet	**τάμπλετ** [táblet]
il telefono cellulare	**κινητό** [kinitó]

Aiuto!	**Βοηθήστε με!** [voiθíste me!]
Che cosa è successo?	**Τι συνέβη;** [ti sinévi?]

fuoco	**φωτιά** [fotiá]
sparatoria	**πυροβολισμός** [pirovolizmós]
omicidio	**φόνος** [fónos]
esplosione	**έκρηξη** [ékriksi]
rissa	**καυγάς** [kavɣás]

Chiamate la polizia!	**Καλέστε την αστυνομία!** [kaléste tin astinomía!]
Per favore, faccia presto!	**Παρακαλώ βιαστείτε!** [parakalʲó viastíte!]
Sto cercando la stazione di polizia.	**Ψάχνω να βρω ένα αστυνομικό τμήμα.** [psáxno na vro éna astinomikó tmíma]
Devo fare una telefonata.	**Πρέπει να τηλεφωνήσω.** [prépi na tilefoníso]
Posso usare il suo telefono?	**Θα μπορούσα να χρησιμοποιήσω το τηλέφωνό σας;** [θa borúsa na xresimopiéso to tiléfonó sas?]

Sono stato /stata/ ...	**Με ...** [me ...]
aggredito /aggredita/	**έδειραν** [éðiran]
derubato /derubata/	**λήστεψαν** [lístepsan]
violentata	**βίασαν** [víasan]
assalito /assalita/	**επιτέθηκαν** [epitéθikan]

Lei sta bene?	**Είστε καλά;** [íste kalʲá?]
Ha visto chi è stato?	**Είδατε ποιος ήταν;** [íðate pios itan?]
È in grado di riconoscere la persona?	**Μπορείτε να αναγνωρίσετε αυτό το άτομο;** [boríte na anaɣnorísete aftó to átomo?]
È sicuro?	**Είστε σίγουρος;** [íste síɣuros?]

Per favore, si calmi.	**Παρακαλώ ηρεμήστε.** [parakalʲó iremíste]
Si calmi!	**Με την ησυχία σας!** [me tin esixía sas!]

Non si preoccupi.	**Μην ανησυχείτε!** [min anisixíte!]
Andrà tutto bene.	**Όλα θα πάνε καλά.** [ólʲa θa páne kalʲá]
Va tutto bene.	**Όλα είναι εντάξει.** [ólʲa íne edáksi]
Venga qui, per favore.	**Ελάτε εδώ, παρακαλώ.** [elʲáte eðó, parakalʲó]
Devo porle qualche domanda.	**Έχω να σας κάνω μερικές ερωτήσεις.** [éxo na sas káno merikés erotísis]
Aspetti un momento, per favore.	**Περιμένετε ένα λεπτό, παρακαλώ.** [periménete éna leptó, parakalʲó]
Ha un documento d'identità?	**Έχετε την ταυτότητα σας μαζί σας;** [éxete tin taftótita sas mazí sas?]
Grazie. Può andare ora.	**Ευχαριστώ. Μπορείτε να φύγετε.** [efxaristó. boríte na fíjete]
Mani dietro la testa!	**Τα χέρια πίσω από το κεφάλι σας!** [ta xéria píso apó to kefáli sas!]
È in arresto!	**Συλλαμβάνεστε!** [silʲamváneste!]

Problemi di salute

Mi può aiutare, per favore.	**Παρακαλώ βοηθήστε με.** [parakalʲó voiθíste me]
Non mi sento bene.	**Δεν αισθάνομαι καλά.** [ðen esθánome kalʲá]
Mio marito non si sente bene.	**Ο σύζυγός μου δεν αισθάνεται καλά.** [o síziɣós mu ðen esθánete kalʲá]
Mio figlio ...	**Ο γιός μου ...** [o ʝiós mu ...]
Mio padre ...	**Ο πατέρας μου ...** [o patéras mu ...]
Mia moglie non si sente bene.	**Η γυναίκα μου δεν αισθάνεται καλά.** [i ʝinéka mu ðen esθánete kalʲá]
Mia figlia ...	**Η κόρη μου ...** [i kóri mu ...]
Mia madre ...	**Η μητέρα μου ...** [i mitéra mu ...]
Ho mal di ...	**Μου πονάει ...** [mu ponái ...]
testa	**το κεφάλι** [to kefáli]
gola	**ο λαιμός** [o lemós]
pancia	**το στομάχι** [to stomáxi]
denti	**το δόντι** [to ðóndi]
Mi gira la testa.	**Ζαλίζομαι.** [zalízome]
Ha la febbre. (m)	**Αυτός έχει πυρετό.** [aftós éxi piretó]
Ha la febbre. (f)	**Αυτή έχει πυρετό.** [afté éxi piretó]
Non riesco a respirare.	**Δεν μπορώ να αναπνεύσω.** [ðen boró na anapnéfso]
Mi manca il respiro.	**Μου κόπηκε η αναπνοή.** [mu kópike i anapnoí]
Sono asmatico.	**Έχω άσθμα.** [éxo ásθma]
Sono diabetico /diabetica/.	**Είμαι διαβητικός.** [íme ðiavetikós]

Soffro d'insonnia.	**Έχω αϋπνία.** [éxo aipnía]
intossicazione alimentare	**τροφική δηλητηρίαση** [trofikí ðilitiríasi]
Fa male qui.	**Πονάω εδώ.** [ponáo eðó]
Mi aiuti!	**Βοηθήστε με!** [voiθíste me!]
Sono qui!	**Εδώ είμαι!** [eðó íme!]
Siamo qui!	**Εδώ είμαστε!** [eðó ímaste!]
Mi tiri fuori di qui!	**Πάρτε με από δώ!** [párte me apó ðó!]
Ho bisogno di un dottore.	**Χρειάζομαι ένα γιατρό.** [xriázome éna jatró]
Non riesco a muovermi.	**Δεν μπορώ να κουνηθώ.** [ðen boró na kuniθó]
Non riesco a muovere le gambe.	**Δεν μπορώ να κουνήσω τα πόδια μου.** [ðen boró na kuníso ta póðia mu]
Ho una ferita.	**Είμαι τραυματισμένος /τραυματισμένη/.** [íme travmatizménos /travmatizméni/]
È grave?	**Είναι σοβαρό;** [íne sovaró?]
I miei documenti sono in tasca.	**Τα χαρτιά μου είναι μέσα στην τσέπη μου.** [ta xartiá mu íne mésa stin tsépi mu]
Si calmi!	**Ηρεμήστε!** [iremíste!]
Posso usare il suo telefono?	**Θα μπορούσα να χρησιμοποιήσω το τηλέφωνο σας;** [θa borúsa na xresimopiéso to tiléfono sas?]
Chiamate l'ambulanza!	**Καλέστε ένα ασθενοφόρο!** [kaléste éna asθenofóro!]
È urgente!	**Είναι επείγον!** [íne epíɣon!]
È un'emergenza!	**Είναι επείγον!** [íne epíɣon!]
Per favore, faccia presto!	**Παρακαλώ βιαστείτε!** [parakalʲó viastíte!]
Per favore, chiamate un medico.	**Φωνάζετε παρακαλώ έναν γιατρό;** [fonázete parakalʲó énan jatró?]

Dov'è l'ospedale?	**Πού είναι το νοσοκομείο;** [pú íne to nosokomío?]
Come si sente?	**Πως αισθάνεστε;** [pos esθáneste?]
Sta bene?	**Είστε καλά;** [íste kalʲá?]
Che cosa è successo?	**Τι έγινε;** [ti éj̯ine?]
Mi sento meglio ora.	**Νοιώθω καλύτερα τώρα.** [nióθo kalítera tóra]
Va bene.	**Είναι εντάξει.** [íne endáksi]
Va tutto bene.	**Όλα καλά.** [ólʲa kalʲá]

In farmacia

farmacia	**φαρμακείο** [farmakío]
farmacia di turno	**εφημερεύον φαρμακείο** [efmerévon farmakío]
Dov'è la farmacia più vicina?	**Πού είναι το πιο κοντινό φαρμακείο;** [pú íne to pio kondinó farmakío?]
È aperta a quest'ora?	**Είναι ανοιχτό αυτήν την ώρα;** [íne anixtó aftín tin óra?]
A che ora apre?	**Τι ώρα ανοίγει;** [ti óra aníʝi?]
A che ora chiude?	**Τι ώρα κλείνει;** [ti óra klíni?]
È lontana?	**Είναι μακριά από εδώ;** [íne makriá apó eðó?]
Posso andarci a piedi?	**Μπορώ να πάω εκεί με τα πόδια;** [boró na páo ekí me ta póðia?]
Può mostrarmi sulla piantina?	**Μπορείτε να μου δείξετε στο χάρτη;** [boríte na mu ðíksete sto xárti?]
Per favore, può darmi qualcosa per ...	**Παρακαλώ δώστε μου κάτι για ...** [parakalʲó ðóste mu káti ʝa ...]
il mal di testa	**πονοκέφαλο** [ponokéfalʲo]
la tosse	**βήχα** [víxa]
il raffreddore	**το κρυολόγημα** [to kriolʲóʝima]
l'influenza	**γρίπη** [grípi]
la febbre	**πυρετό** [piretó]
il mal di stomaco	**πόνο στο στομάχι** [póno sto stomáxi]
la nausea	**ναυτία** [naftía]
la diarrea	**διάρροια** [ðiária]
la costipazione	**δυσκοιλιότητα** [ðiskiliótita]
mal di schiena	**πόνο στην πλάτη** [póno stin plʲáti]

dolore al petto	**πόνο στο στήθος** [póno sto stíθos]
fitte al fianco	**πόνο στα πλευρά** [póno sta plevrá]
dolori addominali	**πόνο στην κοιλιά** [póno sten kiliá]

pastiglia	**χάπι** [xápi]
pomata	**αλοιφή, κρέμα** [alifí, kréma]
sciroppo	**σιρόπι** [sirópi]
spray	**σπρέι** [spréj]
gocce	**σταγόνες** [staɣónes]

Deve andare in ospedale.	**Πρέπει να πάτε στο νοσοκομείο.** [prépi na páte sto nosokomío]
assicurazione sanitaria	**ιατροφαρμακευτική κάλυψη** [jatrofarmakeftikí kálipsi]
prescrizione	**συνταγή** [sindají]
insettifugo	**εντομοαπωθητικό** [endomoapoθitikó]
cerotto	**τσιρότο** [tsiróto]

Il minimo indispensabile

Mi scusi, ...	**Συγνώμη, ...** [siɣnómi, ...]
Buongiorno.	**Γεια σας.** [ja sas]
Grazie.	**Ευχαριστώ.** [efxaristó]
Arrivederci.	**Αντίο.** [adío]
Sì.	**Ναι.** [ne]
No.	**Όχι.** [óxi]
Non lo so.	**Δεν ξέρω.** [ðen kséro]
Dove? | Dove? (~ stai andando?) | Quando?	**Πού; | Προς τα πού; | Πότε;** [pú? | pros ta pú? | póte?]

Ho bisogno di ...	**Χρειάζομαι ...** [xriázome ...]
Voglio ...	**Θέλω ...** [θélʲo ...]
Avete ...?	**Έχετε ...;** [éxete ...?]
C'è un /una/ ... qui?	**Μήπως υπάρχει ... εδώ;** [mípos ipárxi ... eðó?]
Posso ...?	**Θα μπορούσα να ...;** [θa borúsa na ...?]
per favore	**..., παρακαλώ** [..., parakalʲó]

Sto cercando ...	**Ψάχνω για ...** [psáxno ja ...]
il bagno	**τουαλέτα** [tualéta]
un bancomat	**ΑΤΜ** [eitiém]
una farmacia	**φαρμακείο** [farmakío]
un ospedale	**νοσοκομείο** [nosokomío]
la stazione di polizia	**αστυνομικό τμήμα** [astinomikó tmíma]
la metro	**μετρό** [metró]

un taxi	**ταξί** [taksí]
la stazione (ferroviaria)	**σιδηροδρομικό σταθμό** [siðiroðromikó staθmó]

Mi chiamo ...	**Ονομάζομαι ...** [onomázome ...]
Come si chiama?	**Πώς ονομάζεστε;** [pós onomázeste?]
Mi può aiutare, per favore?	**Μπορείτε παρακαλώ να με βοηθήσετε;** [boríte parakalʲó na me voiθísete?]
Ho un problema.	**Έχω ένα πρόβλημα.** [éxo éna próvlima]
Mi sento male.	**Δεν αισθάνομαι καλά.** [ðen esθánome kalʲá]
Chiamate l'ambulanza!	**Καλέστε ένα ασθενοφόρο!** [kaléste éna asθenofóro!]
Posso fare una telefonata?	**Θα μπορούσα να κάνω ένα τηλέφωνο;** [θa borúsa na káno éna tiléfono?]

Mi dispiace.	**Συγνώμη.** [siɣnómi]
Prego.	**Παρακαλώ!** [parakalʲó!]

io	**Εγώ, εμένα** [eɣó, eména]
tu	**εσύ** [esí]
lui	**αυτός** [aftós]
lei	**αυτή** [aftí]
loro (m)	**αυτοί** [aftí]
loro (f)	**αυτές** [aftés]
noi	**εμείς** [emís]
voi	**εσείς** [esís]
Lei	**εσείς** [esís]

ENTRATA	**ΕΙΣΟΔΟΣ** [ísoðos]
USCITA	**ΕΞΟΔΟΣ** [éksoðos]

FUORI SERVIZIO	**ΕΚΤΟΣ ΛΕΙΤΟΥΡΓΙΑΣ** [éktos liturjías]
CHIUSO	**ΚΛΕΙΣΤΟ** [klísto]
APERTO	**ΑΝΟΙΚΤΟ** [aníkto]
DONNE	**ΓΥΝΑΙΚΩΝ** [jinekón]
UOMINI	**ΑΝΔΡΩΝ** [ánðron]

VOCABOLARIO SUDDIVISO PER ARGOMENTI

Questa sezione contiene
più di 3.000 termini tra i più
importanti. Il dizionario sarà
un inestimabile aiuto durante
i vostri viaggi all'estero,
in quanto contiene termini
di uso quotidiano che
permetteranno di farvi capire
facilmente.
Il dizionario include un'utile
trascrizione fonetica per ogni
termine straniero

T&P Books Publishing

INDICE DEL DIZIONARIO

T&P Books Publishing

CONCETTI DI BASE

T&P Books Publishing

1. Pronomi

io	**εγώ**	[eɣó]
tu	**εσύ**	[esí]
lui	**αυτός**	[aftós]
lei	**αυτή**	[aftí]
esso	**αυτό**	[aftó]
noi	**εμείς**	[emís]
voi	**εσείς**	[esís]

2. Saluti. Convenevoli

Salve!	**Γεια σου!**	[ʝa su]
Buongiorno!	**Γεια σας!**	[ʝa sas]
Buongiorno! (la mattina)	**Καλημέρα!**	[kaliméra]
Buon pomeriggio!	**Καλό απόγευμα!**	[kalʲó apóʝevma]
Buonasera!	**Καλησπέρα!**	[kalispéra]
salutare (vt)	**χαιρετώ**	[xeretó]
Ciao! Salve!	**Γεια!**	[ʝa]
saluto (m)	**χαιρετισμός** (αρ.)	[xeretizmós]
salutare (vt)	**χαιρετώ**	[xeretó]
Che c'è di nuovo?	**Τι νέα;**	[ti néa]
A presto!	**Τα λέμε σύντομα!**	[ta léme síndoma]
Addio! (inform.)	**Αντίο!**	[adío]
Addio! (form.)	**Αντίο σας!**	[adío sas]
congedarsi (vr)	**αποχαιρετώ**	[apoxeretó]
Ciao! (A presto!)	**Γεια!**	[ʝa]
Grazie!	**Ευχαριστώ!**	[efxaristó]
Grazie mille!	**Ευχαριστώ πολύ!**	[efxaristó polí]
Prego	**Παρακαλώ**	[parakalʲó]
Non c'è di che!	**Δεν είναι τίποτα**	[ðen íne típota]
Di niente	**Τίποτα**	[típota]
Scusa!	**Με συγχωρείς!**	[me sinxorís]
Scusi!	**Με συγχωρείτε!**	[me sinxoríte]
scusare (vt)	**συγχωρώ**	[sinxoró]
scusarsi (vr)	**ζητώ συγνώμη**	[zitó siɣnómi]
Chiedo scusa	**Συγνώμη**	[siɣnómi]

Mi perdoni!	**Με συγχωρείτε!**	[me sinxoríte]
perdonare (vt)	**συγχωρώ**	[sinxoró]
per favore	**παρακαλώ**	[parakalʲó]
Non dimentichi!	**Μην ξεχάσετε!**	[min ksexásete]
Certamente!	**Βεβαίως! Φυσικά!**	[vevéos], [fisiká]
Certamente no!	**Όχι βέβαια!**	[óxi vévea]
D'accordo!	**Συμφωνώ!**	[simfonó]
Basta!	**Αρκετά!**	[arketá]

3. Domande

Chi?	**Ποιος;**	[pios]
Che cosa?	**Τι;**	[ti]
Dove? (in che luogo?)	**Πού;**	[pú]
Dove? (~ vai?)	**Πού;**	[pú]
Di dove?, Da dove?	**Από πού;**	[apó pú]
Quando?	**Πότε;**	[póte]
Perché? (per quale scopo?)	**Γιατί;**	[ʝatí]
Perché? (per quale ragione?)	**Γιατί;**	[ʝatí]
Per che cosa?	**Γιατί;**	[ʝatí]
Come?	**Πώς;**	[pos]
Che? (~ colore è?)	**Ποιος;**	[pios]
Quale?	**Ποιος;**	[pios]
A chi?	**Σε ποιον;**	[se pion]
Di chi?	**Για ποιον;**	[ʝa pion]
Di che cosa?	**Για ποιο;**	[ʝa pio]
Con chi?	**Με ποιον;**	[me pion]
Quanti?	**Πόσα;**	[pósa]
Quanto?	**Πόσο;**	[póso]
Di chi?	**Ποιανού;**	[pianú]

4. Preposizioni

con (tè ~ il latte)	**με**	[me]
senza	**χωρίς**	[xorís]
a (andare ~ ...)	**σε**	[se]
di (parlare ~ ...)	**για**	[ʝa]
prima di ...	**πριν**	[prin]
di fronte a ...	**μπροστά**	[brostá]
sotto (avv)	**κάτω από**	[káto apó]
sopra (al di ~)	**πάνω από**	[páno apó]

su (sul tavolo, ecc.)	**σε**	[se]
da, di (via da ..., fuori di ...)	**από**	[apó]
di (fatto ~ cartone)	**από**	[apó]
fra (~ dieci minuti)	**σε ...**	[se ...]
attraverso (dall'altra parte)	**πάνω από**	[páno apó]

5. Parole grammaticali. Avverbi. Parte 1

Dove?	**Πού;**	[pú]
qui (in questo luogo)	**εδώ**	[eðó]
lì (in quel luogo)	**εκεί**	[ekí]
da qualche parte (essere ~)	**κάπου**	[kápu]
da nessuna parte	**πουθενά**	[puθená]
vicino a ...	**δίπλα**	[ðíplʲa]
vicino alla finestra	**δίπλα στο παράθυρο**	[ðíplʲa sto paráθiro]
Dove?	**Πού;**	[pú]
qui (vieni ~)	**εδώ**	[eðó]
ci (~ vado stasera)	**εκεί**	[ekí]
da qui	**αποδώ**	[apoðó]
da lì	**αποκεί**	[apokí]
vicino, accanto (avv)	**κοντά**	[kondá]
lontano (avv)	**μακριά**	[makriá]
vicino (~ a Parigi)	**κοντά σε**	[kondá se]
vicino (qui ~)	**κοντά**	[kondá]
non lontano	**κοντά**	[kondá]
sinistro (agg)	**αριστερός**	[aristerós]
a sinistra (rimanere ~)	**στα αριστερά**	[sta aristerá]
a sinistra (girare ~)	**αριστερά**	[aristerá]
destro (agg)	**δεξιός**	[ðeksiós]
a destra (rimanere ~)	**στα δεξιά**	[sta ðeksiá]
a destra (girare ~)	**δεξιά**	[ðeksiá]
davanti	**μπροστά**	[brostá]
anteriore (agg)	**μπροστινός**	[brostinós]
avanti	**μπροστά**	[brostá]
dietro (avv)	**πίσω**	[píso]
da dietro	**από πίσω**	[apó píso]
indietro	**πίσω**	[píso]
mezzo (m), centro (m)	**μέση** (θηλ.)	[mési]

in mezzo, al centro	στη μέση	[sti mési]
di fianco	από το πλάι	[apó to plʲáj]
dappertutto	παντού	[pandú]
attorno	γύρω	[jíro]
da dentro	από μέσα	[apó mésa]
da qualche parte (andare ~)	κάπου	[kápu]
dritto (direttamente)	κατ'ευθείαν	[katefθían]
indietro	πίσω	[píso]
da qualsiasi parte	από οπουδήποτε	[apó opuðípote]
da qualche posto (veniamo ~)	από κάπου	[apó kápu]
in primo luogo	πρώτον	[próton]
in secondo luogo	δεύτερον	[ðéfteron]
in terzo luogo	τρίτον	[tríton]
all'improvviso	ξαφνικά	[ksafniká]
all'inizio	στην αρχή	[stin arxí]
per la prima volta	πρώτη φορά	[próti forá]
molto tempo prima di...	πολύ πριν από ...	[polí prin apó]
di nuovo	εκ νέου	[ek néu]
per sempre	για πάντα	[ja pánda]
mai	ποτέ	[poté]
ancora	πάλι	[páli]
adesso	τώρα	[tóra]
spesso (avv)	συχνά	[sixná]
allora	τότε	[tóte]
urgentemente	επειγόντως	[epiɣóndos]
di solito	συνήθως	[siníθos]
a proposito, ...	παρεμπιπτόντως, ...	[parembiptóndos]
è possibile	πιθανόν	[piθanón]
probabilmente	πιθανόν	[piθanón]
forse	ίσως	[ísos]
inoltre ...	εξάλλου ...	[eksálʲu]
ecco perché ...	συνεπώς	[sinepós]
nonostante (~ tutto)	παρόλο που ...	[parólʲo pu]
grazie a ...	χάρη σε ...	[xári se]
che cosa (pron)	τι	[ti]
che (cong)	ότι	[óti]
qualcosa (qualsiasi cosa)	κάτι	[káti]
qualcosa (le serve ~?)	οτιδήποτε	[otiðípote]
niente	τίποτα	[típota]
chi (pron)	ποιος	[pios]
qualcuno (annuire a ~)	κάποιος	[kápios]
qualcuno (dipendere da ~)	κάποιος	[kápios]

nessuno	**κανένας**	[kanénas]
da nessuna parte	**πουθενά**	[puθená]
di nessuno	**κανενός**	[kanenós]
di qualcuno	**κάποιου**	[kápiu]
così (era ~ arrabbiato)	**έτσι**	[étsi]
anche (penso ~ a ...)	**επίσης**	[epísis]
anche, pure	**επίσης**	[epísis]

6. Parole grammaticali. Avverbi. Parte 2

Perché?	**Γιατί;**	[jatí]
per qualche ragione	**για κάποιο λόγο**	[ja kápio lʲóɣo]
perché ...	**διότι ...**	[ðióti]
per qualche motivo	**για κάποιο λόγο**	[ja kápio lʲóɣo]
e (cong)	**και**	[ke]
o (sì ~ no?)	**ή**	[i]
ma (però)	**μα**	[ma]
per (~ me)	**για**	[ja]
troppo	**πάρα**	[pára]
solo (avv)	**μόνο**	[móno]
esattamente	**ακριβώς**	[akrivós]
circa (~ 10 dollari)	**περίπου**	[perípu]
approssimativamente	**κατά προσέγγιση**	[katá proséngisi]
approssimativo (agg)	**προσεγγιστικός**	[prosengistikós]
quasi	**σχεδόν**	[sxeðón]
resto	**υπόλοιπο** (ουδ.)	[ipólipo]
ogni (agg)	**κάθε**	[káθe]
qualsiasi (agg)	**οποιοσδήποτε**	[opiozðípote]
molta gente	**πολλοί**	[polí]
tutto, tutti	**όλοι**	[óli]
in cambio di ...	**... σε αντάλλαγμα**	[se andálʲaɣma]
in cambio	**σε αντάλλαγμα**	[se andálʲaɣma]
a mano (fatto ~)	**με το χέρι**	[me to xéri]
poco probabile	**δύσκολα**	[ðískolʲa]
probabilmente	**πιθανόν**	[piθanón]
apposta	**επίτηδες**	[epítiðes]
per caso	**κατά λάθος**	[katá lʲáθos]
molto (avv)	**πολύ**	[polí]
per esempio	**για παράδειγμα**	[ja paráðiɣma]
fra (~ due)	**μεταξύ**	[metaksí]
fra (~ più di due)	**ανάμεσα**	[anámesa]
tanto (quantità)	**τόσο πολύ**	[tóso polí]
soprattutto	**ιδιαίτερα**	[iðiétera]

NUMERI. VARIE

T&P Books Publishing

7. Numeri cardinali. Parte 1

zero (m)	**μηδέν**	[miðén]
uno	**ένα**	[éna]
due	**δύο**	[ðío]
tre	**τρία**	[tría]
quattro	**τέσσερα**	[tésera]
cinque	**πέντε**	[pénde]
sei	**έξι**	[éksi]
sette	**εφτά**	[eftá]
otto	**οχτώ**	[oxtó]
nove	**εννέα**	[enéa]
dieci	**δέκα**	[ðéka]
undici	**ένδεκα**	[énðeka]
dodici	**δώδεκα**	[ðóðeka]
tredici	**δεκατρία**	[ðekatría]
quattordici	**δεκατέσσερα**	[ðekatésera]
quindici	**δεκαπέντε**	[ðekapénde]
sedici	**δεκαέξι**	[ðekaéksi]
diciassette	**δεκαεφτά**	[ðekaeftá]
diciotto	**δεκαοχτώ**	[ðekaoxtó]
diciannove	**δεκαεννέα**	[ðekaenéa]
venti	**είκοσι**	[íkosi]
ventuno	**είκοσι ένα**	[íkosi éna]
ventidue	**είκοσι δύο**	[ikosi ðío]
ventitre	**είκοσι τρία**	[ikosi tría]
trenta	**τριάντα**	[triánda]
trentuno	**τριάντα ένα**	[triánda éna]
trentadue	**τριάντα δύο**	[triánda ðío]
trentatre	**τριάντα τρία**	[triánda tría]
quaranta	**σαράντα**	[saránda]
quarantuno	**σαράντα ένα**	[saránda éna]
quarantadue	**σαράντα δύο**	[saránda ðío]
quarantatre	**σαράντα τρία**	[saránda tría]
cinquanta	**πενήντα**	[penínda]
cinquantuno	**πενήντα ένα**	[penínda éna]
cinquantadue	**πενήντα δύο**	[penínda ðío]
cinquantatre	**πενήντα τρία**	[penínda tría]
sessanta	**εξήντα**	[eksínda]

sessantuno	**εξήντα ένα**	[eksínda éna]
sessantadue	**εξήντα δύο**	[eksínda ðío]
sessantatre	**εξήντα τρία**	[eksínda tría]
settanta	**εβδομήντα**	[evðomínda]
settantuno	**εβδομήντα ένα**	[evðomínda éna]
settantadue	**εβδομήντα δύο**	[evðomínda ðío]
settantatre	**εβδομήντα τρία**	[evðomínda tría]
ottanta	**ογδόντα**	[oɣðónda]
ottantuno	**ογδόντα ένα**	[oɣðónda éna]
ottantadue	**ογδόντα δύο**	[oɣðónda ðío]
ottantatre	**ογδόντα τρία**	[oɣðónda tría]
novanta	**ενενήντα**	[enenínda]
novantuno	**ενενήντα ένα**	[enenínda éna]
novantadue	**ενενήντα δύο**	[enenínda ðío]
novantatre	**ενενήντα τρία**	[enenínda tría]

8. Numeri cardinali. Parte 2

cento	**εκατό**	[ekató]
duecento	**διακόσια**	[ðiakósia]
trecento	**τριακόσια**	[triakósia]
quattrocento	**τετρακόσια**	[tetrakósia]
cinquecento	**πεντακόσια**	[pendakósia]
seicento	**εξακόσια**	[eksakósia]
settecento	**εφτακόσια**	[eftakósia]
ottocento	**οχτακόσια**	[oxtakósia]
novecento	**εννιακόσια**	[eniakósia]
mille	**χίλια**	[xília]
duemila	**δύο χιλιάδες**	[ðío xiliáðes]
tremila	**τρεις χιλιάδες**	[tris xiliáðes]
diecimila	**δέκα χιλιάδες**	[ðéka xiliáðes]
centomila	**εκατό χιλιάδες**	[ekató xiliáðes]
milione (m)	**εκατομμύριο** (ουδ.)	[ekatomírio]
miliardo (m)	**δισεκατομμύριο** (ουδ.)	[ðisekatomírio]

9. Numeri ordinali

primo	**πρώτος**	[prótos]
secondo	**δεύτερος**	[ðéfteros]
terzo	**τρίτος**	[trítos]
quarto	**τέταρτος**	[tétartos]
quinto	**πέμπτος**	[pémptos]
sesto	**έκτος**	[éktos]

settimo	έβδομος	[évðomos]
ottavo	όγδοος	[óɣðoos]
nono	ένατος	[énatos]
decimo	δέκατος	[ðékatos]

COLORI.
UNITÀ DI MISURA

T&P Books Publishing

10. Colori

colore (m)	χρώμα (ουδ.)	[xróma]
sfumatura (f)	απόχρωση (θηλ.)	[apóxrosi]
tono (m)	τόνος (αρ.)	[tónos]
arcobaleno (m)	ουράνιο τόξο (ουδ.)	[uránio tókso]

bianco (agg)	λευκός, άσπρος	[lefkós], [áspros]
nero (agg)	μαύρος	[mávros]
grigio (agg)	γκρίζος	[grízos]

verde (agg)	πράσινος	[prásinos]
giallo (agg)	κίτρινος	[kítrinos]
rosso (agg)	κόκκινος	[kókinos]
blu (agg)	μπλε	[ble]
azzurro (agg)	γαλανός	[ɣalʲanós]
rosa (agg)	ροζ	[roz]
arancione (agg)	πορτοκαλί	[portokalí]
violetto (agg)	βιολετί	[violetí]
marrone (agg)	καφετής	[kafetís]

d'oro (agg)	χρυσός	[xrisós]
argenteo (agg)	αργυρόχροος	[arɣiróxroos]
beige (agg)	μπεζ	[bez]
color crema (agg)	κρεμ	[krem]
turchese (agg)	τιρκουάζ, τουρκουάζ	[tirkuáz], [turkuáz]
rosso ciliegia (agg)	βυσσινής	[visinís]
lilla (agg)	λιλά, λουλακής	[lilʲá], [lʲulʲakís]
rosso lampone (agg)	βαθυκόκκινος	[vaθikókinos]

chiaro (agg)	ανοιχτός	[anixtós]
scuro (agg)	σκούρος	[skúros]
vivo, vivido (agg)	έντονος	[édonos]

colorato (agg)	έγχρωμος	[énxromos]
a colori	έγχρωμος	[énxromos]
bianco e nero (agg)	ασπρόμαυρος	[asprómavros]
in tinta unita	μονόχρωμος	[monóxromos]
multicolore (agg)	πολύχρωμος	[políxromos]

11. Unità di misura

| peso (m) | βάρος (ουδ.) | [város] |
| lunghezza (f) | μάκρος (ουδ.) | [mákros] |

larghezza (f)	**πλάτος** (ουδ.)	[plʲátos]
altezza (f)	**ύψος** (ουδ.)	[ípsos]
profondità (f)	**βάθος** (ουδ.)	[váθos]
volume (m)	**όγκος** (αρ.)	[óngos]
area (f)	**εμβαδόν** (ουδ.)	[emvaðón]
grammo (m)	**γραμμάριο** (ουδ.)	[ɣramário]
milligrammo (m)	**χιλιοστόγραμμο** (ουδ.)	[xiliostóɣramo]
chilogrammo (m)	**κιλό** (ουδ.)	[kilʲó]
tonnellata (f)	**τόνος** (αρ.)	[tónos]
libbra (f)	**λίβρα** (θηλ.)	[lívra]
oncia (f)	**ουγγιά** (θηλ.)	[ungiá]
metro (m)	**μέτρο** (ουδ.)	[métro]
millimetro (m)	**χιλιοστό** (ουδ.)	[xiliostó]
centimetro (m)	**εκατοστό** (ουδ.)	[ekatostó]
chilometro (m)	**χιλιόμετρο** (ουδ.)	[xiliómetro]
miglio (m)	**μίλι** (ουδ.)	[míli]
pollice (m)	**ίντσα** (θηλ.)	[íntsa]
piede (f)	**πόδι** (ουδ.)	[póði]
iarda (f)	**γιάρδα** (θηλ.)	[ʝárða]
metro (m) quadro	**τετραγωνικό μέτρο** (ουδ.)	[tetraɣonikó métro]
ettaro (m)	**εκτάριο** (ουδ.)	[ektário]
litro (m)	**λίτρο** (ουδ.)	[lítro]
grado (m)	**βαθμός** (αρ.)	[vaθmós]
volt (m)	**βολτ** (ουδ.)	[volʲt]
ampere (m)	**αμπέρ** (ουδ.)	[ambér]
cavallo vapore (m)	**ιπποδύναμη** (θηλ.)	[ipoðínami]
quantità (f)	**ποσότητα** (θηλ.)	[posótita]
un po' di ...	**λίγος ...**	[líɣos]
metà (f)	**μισό** (ουδ.)	[misó]
dozzina (f)	**δωδεκάδα** (θηλ.)	[ðoðekáða]
pezzo (m)	**τεμάχιο** (ουδ.)	[temáxio]
dimensione (f)	**μέγεθος** (ουδ.)	[méʝeθos]
scala (f) (modello in ~)	**κλίμακα** (θηλ.)	[klímaka]
minimo (agg)	**ελάχιστος**	[elʲáxistos]
minore (agg)	**μικρότερος**	[mikróteros]
medio (agg)	**μεσαίος**	[meséos]
massimo (agg)	**μέγιστος**	[méʝistos]
maggiore (agg)	**μεγαλύτερος**	[meɣalíteros]

12. Contenitori

barattolo (m) di vetro	**βάζο** (ουδ.)	[vázo]
latta, lattina (f)	**κουτί** (ουδ.)	[kutí]

secchio (m)	**κουβάς** (αρ.)	[kuvás]
barile (m), botte (f)	**βαρέλι** (ουδ.)	[varéli]
catino (m)	**λεκάνη** (θηλ.)	[lekáni]
serbatoio (m) (per liquidi)	**δεξαμενή** (θηλ.)	[ðeksamení]
fiaschetta (f)	**φλασκί** (ουδ.)	[flʲaskí]
tanica (f)	**κάνιστρο** (ουδ.)	[kánistro]
cisterna (f)	**δεξαμενή** (θηλ.)	[ðeksamení]
tazza (f)	**κούπα** (θηλ.)	[kúpa]
tazzina (f) (~ di caffé)	**φλιτζάνι** (ουδ.)	[flidzáni]
piattino (m)	**πιατάκι** (ουδ.)	[piatáki]
bicchiere (m) (senza stelo)	**ποτήρι** (ουδ.)	[potíri]
calice (m)	**κρασοπότηρο** (ουδ.)	[krasopótiro]
casseruola (f)	**κατσαρόλα** (θηλ.)	[katsarólʲa]
bottiglia (f)	**μπουκάλι** (ουδ.)	[bukáli]
collo (m) (~ della bottiglia)	**λαιμός** (αρ.)	[lemós]
caraffa (f)	**καράφα** (θηλ.)	[karáfa]
brocca (f)	**κανάτα** (θηλ.)	[kanáta]
recipiente (m)	**δοχείο** (ουδ.)	[ðoxío]
vaso (m) di coccio	**πήλινο** (ουδ.)	[pílino]
vaso (m) di fiori	**βάζο** (ουδ.)	[vázo]
boccetta (f) (~ di profumo)	**μπουκαλάκι** (ουδ.)	[bukalʲáki]
fiala (f)	**φιαλίδιο** (ουδ.)	[fialíðio]
tubetto (m)	**σωληνάριο** (ουδ.)	[solinário]
sacco (m) (~ di patate)	**σακί, τσουβάλι** (ουδ.)	[sakí], [tsuváli]
sacchetto (m) (~ di plastica)	**σακούλα** (θηλ.)	[sakúlʲa]
pacchetto (m) (~ di sigarette, ecc.)	**πακέτο** (ουδ.)	[pakéto]
scatola (f) (~ per scarpe)	**κουτί** (ουδ.)	[kutí]
cassa (f) (~ di vino, ecc.)	**κιβώτιο** (ουδ.)	[kivótio]
cesta (f)	**καλάθι** (ουδ.)	[kalʲáθi]

T&P BOOKS

I VERBI PIÙ IMPORTANTI

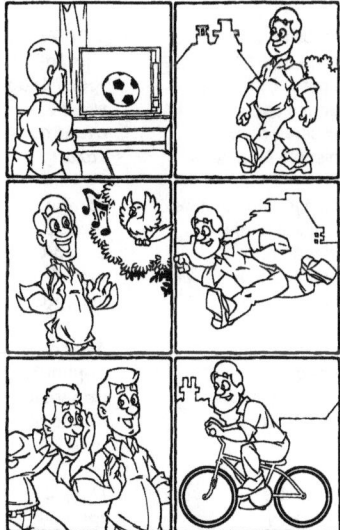

T&P Books Publishing

13. I verbi più importanti. Parte 1

accorgersi (vr)	**παρατηρώ**	[paratiró]
afferrare (vt)	**πιάνω**	[piáno]
affittare (dare in affitto)	**νοικιάζω**	[nikiázo]
aiutare (vt)	**βοηθώ**	[voiθó]
amare (qn)	**αγαπάω**	[aɣapáo]
andare (camminare)	**πηγαίνω**	[pijéno]
annotare (vt)	**σημειώνω**	[simióno]
appartenere (vi)	**ανήκω σε ...**	[aníko se]
aprire (vt)	**ανοίγω**	[aníɣo]
arrivare (vi)	**έρχομαι**	[érxome]
aspettare (vt)	**περιμένω**	[periméno]
avere (vt)	**έχω**	[éxo]
avere fame	**πεινάω**	[pináo]
avere fretta	**βιάζομαι**	[viázome]
avere paura	**φοβάμαι**	[fováme]
avere sete	**διψάω**	[ðipsáo]
avvertire (vt)	**προειδοποιώ**	[proiðopió]
cacciare (vt)	**κυνηγώ**	[kiniɣó]
cadere (vi)	**πέφτω**	[péfto]
cambiare (vt)	**αλλάζω**	[alʲázo]
capire (vt)	**καταλαβαίνω**	[katalʲavéno]
cenare (vi)	**τρώω βραδινό**	[tróo vraðinó]
cercare (vt)	**ψάχνω**	[psáxno]
cessare (vt)	**σταματώ**	[stamató]
chiedere (~ aiuto)	**καλώ**	[kalʲó]
chiedere (domandare)	**ρωτάω**	[rotáo]
cominciare (vt)	**αρχίζω**	[arxízo]
comparare (vt)	**συγκρίνω**	[singríno]
confondere (vt)	**μπερδεύω**	[berðévo]
conoscere (qn)	**γνωρίζω**	[ɣnorízo]
conservare (vt)	**διατηρώ**	[ðiatiró]
consigliare (vt)	**συμβουλεύω**	[simvulévo]
contare (calcolare)	**υπολογίζω**	[ipolʲojízo]
contare su ...	**υπολογίζω σε ...**	[ipolʲojízo se]
continuare (vt)	**συνεχίζω**	[sinexízo]
controllare (vt)	**ελέγχω**	[elénxo]
correre (vi)	**τρέχω**	[tréxo]

costare (vt)	**κοστίζω**	[kostízo]
creare (vt)	**δημιουργώ**	[ðimiurɣó]
cucinare (vi)	**μαγειρεύω**	[majirévo]

14. I verbi più importanti. Parte 2

dare (vt)	**δίνω**	[ðíno]
dare un suggerimento	**υπαινίσσομαι**	[ipenísome]
decorare (adornare)	**στολίζω**	[stolízo]
difendere (~ un paese)	**υπερασπίζω**	[iperaspízo]
dimenticare (vt)	**ξεχνάω**	[ksexnáo]

dire (~ la verità)	**λέω**	[léo]
dirigere (compagnia, ecc.)	**διευθύνω**	[ðiefθíno]
discutere (vt)	**συζητώ**	[sizitó]
domandare (vt)	**ζητώ**	[zitó]
dubitare (vi)	**αμφιβάλλω**	[amfiválʲo]

entrare (vi)	**μπαίνω**	[béno]
esigere (vt)	**απαιτώ**	[apetó]
esistere (vi)	**υπάρχω**	[ipárxo]

essere (vi)	**είμαι**	[íme]
essere d'accordo	**συμφωνώ**	[simfonó]
fare (vt)	**κάνω**	[káno]
fare colazione	**παίρνω πρωινό**	[pérno proinó]

fare il bagno	**κάνω μπάνιο**	[káno bánio]
fermarsi (vr)	**σταματάω**	[stamatáo]
fidarsi (vr)	**εμπιστεύομαι**	[embistévome]
finire (vt)	**τελειώνω**	[telióno]
firmare (~ un documento)	**υπογράφω**	[ipoɣráfo]

giocare (vi)	**παίζω**	[pézo]
girare (~ a destra)	**στρίβω**	[strívo]
gridare (vi)	**φωνάζω**	[fonázo]
indovinare (vt)	**μαντεύω**	[mandévo]
informare (vt)	**πληροφορώ**	[pliroforó]

ingannare (vt)	**εξαπατώ**	[eksapató]
insistere (vi)	**επιμένω**	[epiméno]
insultare (vt)	**προσβάλλω**	[prozválʲo]
interessarsi di …	**ενδιαφέρομαι**	[enðiaférome]
invitare (vt)	**προσκαλώ**	[proskalʲó]

lamentarsi (vr)	**παραπονιέμαι**	[paraponiéme]
lasciar cadere	**ρίχνω**	[ríxno]
lavorare (vi)	**δουλεύω**	[ðulévo]
leggere (vi, vt)	**διαβάζω**	[ðiavázo]
liberare (vt)	**απελευθερώνω**	[apelefθeróno]

15. I verbi più importanti. Parte 3

mancare le lezioni	**απουσιάζω**	[apusiázo]
mandare (vt)	**στέλνω**	[stélʲno]
menzionare (vt)	**αναφέρω**	[anaféro]
minacciare (vt)	**απειλώ**	[apilʲó]
mostrare (vt)	**δείχνω**	[ðíxno]
nascondere (vt)	**κρύβω**	[krívo]
nuotare (vi)	**κολυμπώ**	[kolibó]
obiettare (vt)	**αντιλέγω**	[andiléɣo]
occorrere (vimp)	**χρειάζομαι**	[xriázome]
ordinare (~ il pranzo)	**παραγγέλνω**	[parangélʲno]
ordinare (mil.)	**διατάζω**	[ðiatázo]
osservare (vt)	**παρατηρώ**	[paratiró]
pagare (vi, vt)	**πληρώνω**	[plirόno]
parlare (vi, vt)	**μιλάω**	[milʲáo]
partecipare (vi)	**συμμετέχω**	[simetéxo]
pensare (vi, vt)	**σκέφτομαι**	[skéftome]
perdonare (vt)	**συγχωρώ**	[sinxoró]
permettere (vt)	**επιτρέπω**	[epitrépo]
piacere (vi)	**μου αρέσει**	[mu arési]
piangere (vi)	**κλαίω**	[kléo]
pianificare (vt)	**σχεδιάζω**	[sxeðiázo]
possedere (vt)	**κατέχω**	[katéxo]
potere (v aus)	**μπορώ**	[boró]
pranzare (vi)	**τρώω μεσημεριανό**	[tróo mesimerianó]
preferire (vt)	**προτιμώ**	[protimó]
pregare (vi, vt)	**προσεύχομαι**	[proséfxome]
prendere (vt)	**παίρνω**	[pérno]
prevedere (vt)	**προβλέπω**	[provlépo]
promettere (vt)	**υπόσχομαι**	[ipósxome]
pronunciare (vt)	**προφέρω**	[proféro]
proporre (vt)	**προτείνω**	[protíno]
punire (vt)	**τιμωρώ**	[timoró]
raccomandare (vt)	**προτείνω**	[protíno]
ridere (vi)	**γελάω**	[jelʲáo]
rifiutarsi (vr)	**αρνούμαι**	[arnúme]
rincrescere (vi)	**λυπάμαι**	[lipáme]
ripetere (ridire)	**επαναλαμβάνω**	[epanalʲamváno]
riservare (vt)	**κλείνω**	[klíno]
rispondere (vi, vt)	**απαντώ**	[apandó]
rompere (spaccare)	**σπάω**	[spáo]
rubare (~ i soldi)	**κλέβω**	[klévo]

16. I verbi più importanti. Parte 4

salvare (~ la vita a qn)	**σώζω**	[sózo]
sapere (vt)	**ξέρω**	[kséro]
sbagliare (vi)	**κάνω λάθος**	[káno lʲáθos]
scavare (vt)	**σκάβω**	[skávo]
scegliere (vt)	**επιλέγω**	[epiléɣo]
scendere (vi)	**κατεβαίνω**	[katevéno]
scherzare (vi)	**αστειεύομαι**	[astiévome]
scrivere (vt)	**γράφω**	[ɣráfo]
scusarsi (vr)	**ζητώ συγνώμη**	[zitó siɣnómi]
sedersi (vr)	**κάθομαι**	[káθome]
seguire (vt)	**ακολουθώ**	[akolʲuθó]
sgridare (vt)	**μαλώνω**	[malʲóno]
significare (vt)	**σημαίνω**	[siméno]
sorridere (vi)	**χαμογελάω**	[xamoj̯elʲáo]
sottovalutare (vt)	**υποτιμώ**	[ipotimó]
sparare (vi)	**πυροβολώ**	[pirovolʲó]
sperare (vi, vt)	**ελπίζω**	[elʲpízo]
spiegare (vt)	**εξηγώ**	[eksiɣó]
studiare (vt)	**μελετάω**	[meletáo]
stupirsi (vr)	**εκπλήσσομαι**	[ekplísome]
tacere (vi)	**σιωπώ**	[siopó]
tentare (vt)	**προσπαθώ**	[prospaθó]
toccare (~ con le mani)	**αγγίζω**	[angízo]
tradurre (vt)	**μεταφράζω**	[metafrázo]
trovare (vt)	**βρίσκω**	[vrísko]
uccidere (vt)	**σκοτώνω**	[skotóno]
udire (percepire suoni)	**ακούω**	[akúo]
unire (vt)	**ενώνω**	[enóno]
uscire (vi)	**βγαίνω**	[vj̯éno]
vantarsi (vr)	**καυχιέμαι**	[kafxiéme]
vedere (vt)	**βλέπω**	[vlépo]
vendere (vt)	**πουλώ**	[pulʲó]
volare (vi)	**πετάω**	[petáo]
volere (desiderare)	**θέλω**	[θélʲo]

ORARIO. CALENDARIO

T&P Books Publishing

17. Giorni della settimana

lunedì (m)	**Δευτέρα** (θηλ.)	[ðeftéra]
martedì (m)	**Τρίτη** (θηλ.)	[tríti]
mercoledì (m)	**Τετάρτη** (θηλ.)	[tetárti]
giovedì (m)	**Πέμπτη** (θηλ.)	[pémpti]
venerdì (m)	**Παρασκευή** (θηλ.)	[paraskeví]
sabato (m)	**Σάββατο** (ουδ.)	[sávato]
domenica (f)	**Κυριακή** (θηλ.)	[kiriakí]
oggi (avv)	**σήμερα**	[símera]
domani	**αύριο**	[ávrio]
dopodomani	**μεθαύριο**	[meθávrio]
ieri (avv)	**χθες, χτες**	[xθes], [xtes]
l'altro ieri	**προχτές**	[proxtés]
giorno (m)	**μέρα, ημέρα** (θηλ.)	[méra], [iméra]
giorno (m) lavorativo	**εργάσιμη μέρα** (θηλ.)	[erɣásimi méra]
giorno (m) festivo	**αργία** (θηλ.)	[aɟía]
giorno (m) di riposo	**ρεπό** (ουδ.)	[repó]
fine (m) settimana	**σαββατοκύριακο** (ουδ.)	[savatokíriako]
tutto il giorno	**όλη μέρα**	[óli méra]
l'indomani	**την επόμενη μέρα**	[tinepómeni méra]
due giorni fa	**δύο μέρες πριν**	[ðío méres prin]
il giorno prima	**την παραμονή**	[tin paramoní]
quotidiano (agg)	**καθημερινός**	[kaθimerinós]
ogni giorno	**καθημερινά**	[kaθimeriná]
settimana (f)	**εβδομάδα** (θηλ.)	[evðomáða]
la settimana scorsa	**την προηγούμενη εβδομάδα**	[tin proiɣúmeni evðomáda]
la settimana prossima	**την επόμενη εβδομάδα**	[tin epómeni evðomáda]
settimanale (agg)	**εβδομαδιαίος**	[evðomaðiéos]
ogni settimana	**εβδομαδιαία**	[evðomaðiéa]
due volte alla settimana	**δύο φορές την εβδομάδα**	[dío forés tinevðomáda]
ogni martedì	**κάθε Τρίτη**	[káθe tríti]

18. Ore. Giorno e notte

mattina (f)	**πρωί** (ουδ.)	[proí]
di mattina	**το πρωί**	[to proí]
mezzogiorno (m)	**μεσημέρι**	[mesiméri]
nel pomeriggio	**το απόγευμα**	[to apójevma]

sera (f)	**βράδυ** (ουδ.)	[vráði]
di sera	**το βράδυ**	[to vráði]
notte (f)	**νύχτα** (θηλ.)	[níxta]
di notte	**τη νύχτα**	[ti níxta]
mezzanotte (f)	**μεσάνυχτα** (ουδ.πλ.)	[mesánixta]
secondo (m)	**δευτερόλεπτο** (ουδ.)	[ðefterólepto]
minuto (m)	**λεπτό** (ουδ.)	[leptó]
ora (f)	**ώρα** (θηλ.)	[óra]
mezzora (f)	**μισή ώρα** (θηλ.)	[misí óra]
un quarto d'ora	**τέταρτο** (ουδ.)	[tétarto]
quindici minuti	**δεκαπέντε λεπτά**	[ðekapénde leptá]
ventiquattro ore	**εικοσιτετράωρο** (ουδ.)	[ikositetráoro]
levata (f) del sole	**ανατολή** (θηλ.)	[anatolí]
alba (f)	**ξημέρωμα** (ουδ.)	[ksiméroma]
mattutino (m)	**νωρίς το πρωί** (ουδ.)	[norís to proí]
tramonto (m)	**ηλιοβασίλεμα** (ουδ.)	[iliovasílema]
di buon mattino	**νωρίς το πρωί**	[norís to proí]
stamattina	**σήμερα το πρωί**	[símera to proí]
domattina	**αύριο το πρωί**	[ávrio to proí]
oggi pomeriggio	**σήμερα το απόγευμα**	[símera to apóʝevma]
nel pomeriggio	**το απόγευμα**	[to apóʝevma]
domani pomeriggio	**αύριο το απόγευμα**	[ávrio to apóʝevma]
stasera	**απόψε**	[apópse]
domani sera	**αύριο το βράδυ**	[ávrio to vráði]
alle tre precise	**στις τρεις ακριβώς**	[stis tris akrivós]
verso le quattro	**στις τέσσερις περίπου**	[stis téseris perípu]
per le dodici	**μέχρι τις δώδεκα**	[méxri tis ðóðeka]
fra venti minuti	**σε είκοσι λεπτά**	[se íkosi leptá]
fra un'ora	**σε μια ώρα**	[se mia óra]
puntualmente	**έγκαιρα**	[éngera]
un quarto di ...	**παρά τέταρτο**	[pará tétarto]
entro un'ora	**μέσα σε μια ώρα**	[mésa se mia óra]
ogni quindici minuti	**κάθε δεκαπέντε λεπτά**	[káθe ðekapénde leptá]
giorno e notte	**όλο το εικοσιτετράωρο**	[ólʲo to ikositetráoro]

19. Mesi. Stagioni

gennaio (m)	**Ιανουάριος** (αρ.)	[januários]
febbraio (m)	**Φεβρουάριος** (αρ.)	[fevruários]
marzo (m)	**Μάρτιος** (αρ.)	[mártios]
aprile (m)	**Απρίλιος** (αρ.)	[aprílios]

maggio (m)	**Μάιος** (αρ.)	[májos]
giugno (m)	**Ιούνιος** (αρ.)	[iúnios]
luglio (m)	**Ιούλιος** (αρ.)	[iúlios]
agosto (m)	**Αύγουστος** (αρ.)	[ávɣustos]
settembre (m)	**Σεπτέμβριος** (αρ.)	[septémvrios]
ottobre (m)	**Οκτώβριος** (αρ.)	[októvrios]
novembre (m)	**Νοέμβριος** (αρ.)	[noémvrios]
dicembre (m)	**Δεκέμβριος** (αρ.)	[ðekémvrios]
primavera (f)	**άνοιξη** (θηλ.)	[ániksi]
in primavera	**την άνοιξη**	[tin ániksi]
primaverile (agg)	**ανοιξιάτικος**	[aniksiátikos]
estate (f)	**καλοκαίρι** (ουδ.)	[kalʲokéri]
in estate	**το καλοκαίρι**	[to kalʲokéri]
estivo (agg)	**καλοκαιρινός**	[kalʲokerinós]
autunno (m)	**φθινόπωρο** (ουδ.)	[fθinóporo]
in autunno	**το φθινόπωρο**	[to fθinóporo]
autunnale (agg)	**φθινοπωρινός**	[fθinoporinós]
inverno (m)	**χειμώνας** (αρ.)	[ximónas]
in inverno	**το χειμώνα**	[to ximóna]
invernale (agg)	**χειμωνιάτικος**	[ximoniátikos]
mese (m)	**μήνας** (αρ.)	[mínas]
questo mese	**αυτόν το μήνα**	[aftón to mína]
il mese prossimo	**τον επόμενο μήνα**	[ton epómeno mína]
il mese scorso	**τον προηγούμενο μήνα**	[ton proiɣúmeno mína]
un mese fa	**ένα μήνα πριν**	[éna mína prin]
fra un mese	**σε ένα μήνα**	[se éna mína]
fra due mesi	**σε δύο μήνες**	[se ðío mínes]
un mese intero	**ολόκληρος μήνας**	[olʲókliros mínas]
per tutto il mese	**ολόκληρος ο μήνας**	[olʲókliros o mínas]
mensile (rivista ~)	**μηνιαίος**	[miniéos]
mensilmente	**μηνιαία**	[miniéa]
ogni mese	**κάθε μήνα**	[káθe mína]
due volte al mese	**δύο φορές το μήνα**	[ðío forés tomína]
anno (m)	**χρόνος** (αρ.)	[xrónos]
quest'anno	**φέτος**	[fétos]
l'anno prossimo	**του χρόνου**	[tu xrónu]
l'anno scorso	**πέρσι**	[pérsi]
un anno fa	**ένα χρόνο πριν**	[éna xróno prin]
fra un anno	**σε ένα χρόνο**	[se éna xróno]
fra due anni	**σε δύο χρόνια**	[se ðío xrónia]
un anno intero	**ολόκληρος χρόνος**	[olʲókliros oxrónos]
per tutto l'anno	**ολόκληρος ο χρόνος**	[olʲókliros o xrónos]

ogni anno	**κάθε χρόνο**	[káθe xróno]
annuale (agg)	**ετήσιος**	[etísios]
annualmente	**ετήσια**	[etísia]
quattro volte all'anno	**τέσσερις φορές το χρόνο**	[teseris forés toxróno]
data (f) (~ di oggi)	**ημερομηνία** (θηλ.)	[imerominía]
data (f) (~ di nascita)	**ημερομηνία** (θηλ.)	[imerominía]
calendario (m)	**ημερολόγιο** (ουδ.)	[imerolʲójo]
mezz'anno (m)	**μισός χρόνος**	[misós xrónos]
semestre (m)	**εξάμηνο** (ουδ.)	[eksámino]
stagione (f) (estate, ecc.)	**εποχή** (θηλ.)	[epoxí]
secolo (m)	**αιώνας** (αρ.)	[eónas]

VIAGGIO. HOTEL

T&P Books Publishing

20. Escursione. Viaggio

turismo (m)	**τουρισμός** (αρ.)	[turizmós]
turista (m)	**τουρίστας** (αρ.)	[turístas]
viaggio (m) (all'estero)	**ταξίδι** (ουδ.)	[taksíði]
avventura (f)	**περιπέτεια** (θηλ.)	[peripétia]
viaggio (m) (corto)	**ταξίδι** (ουδ.)	[taksíði]
vacanza (f)	**διακοπές** (θηλ.πλ.)	[ðiakopés]
essere in vacanza	**είμαι σε διακοπές**	[íme se ðiakopés]
riposo (m)	**διακοπές** (πλ.)	[ðiakopés]
treno (m)	**τραίνο, τρένο** (ουδ.)	[tréno]
in treno	**με τρένο**	[me tréno]
aereo (m)	**αεροπλάνο** (ουδ.)	[aeropl^jáno]
in aereo	**με αεροπλάνο**	[me aeropl^jáno]
in macchina	**με αυτοκίνητο**	[me aftokínito]
in nave	**με καράβι**	[me karávi]
bagaglio (m)	**αποσκευές** (θηλ.πλ.)	[aposkevés]
valigia (f)	**βαλίτσα** (θηλ.)	[valítsa]
carrello (m)	**καρότσι αποσκευών** (ουδ.)	[karótsi aposkevón]
passaporto (m)	**διαβατήριο** (ουδ.)	[ðiavatírio]
visto (m)	**βίζα** (θηλ.)	[víza]
biglietto (m)	**εισιτήριο** (ουδ.)	[isitírio]
biglietto (m) aereo	**αεροπορικό εισιτήριο** (ουδ.)	[aeroporikó isitírio]
guida (f)	**ταξιδιωτικός οδηγός** (αρ.)	[taksiðiotikós oðiɣós]
carta (f) geografica	**χάρτης** (αρ.)	[xártis]
località (f)	**περιοχή** (θηλ.)	[perioxí]
luogo (m)	**τόπος** (αρ.)	[tópos]
ogetti (m pl) esotici	**εξωτικά πράγματα** (ουδ.πλ.)	[eksotiká práɣmata]
esotico (agg)	**εξωτικός**	[eksotikós]
sorprendente (agg)	**καταπληκτικός**	[katapliktikós]
gruppo (m)	**ομάδα** (θηλ.)	[omáða]
escursione (f)	**εκδρομή** (θηλ.)	[ekðromí]
guida (f) (cicerone)	**ξεναγός** (αρ.)	[ksenaɣós]

21. Hotel

albergo (m)	**ξενοδοχείο** (ουδ.)	[ksenoðoxío]
motel (m)	**μοτέλ** (ουδ.)	[motél^j]

tre stelle	**τριών αστέρων**	[trión astéron]
cinque stelle	**πέντε αστέρων**	[pénde astéron]
alloggiare (vi)	**μένω**	[méno]
camera (f)	**δωμάτιο** (ουδ.)	[ðomátio]
camera (f) singola	**μονόκλινο δωμάτιο** (ουδ.)	[monóklino ðomátio]
camera (f) doppia	**δίκλινο δωμάτιο** (ουδ.)	[ðíklino ðomátio]
prenotare una camera	**κλείνω δωμάτιο**	[klíno ðomátio]
mezza pensione (f)	**ημιδιατροφή** (θηλ.)	[imiðiatrofí]
pensione (f) completa	**πλήρης διατροφή** (θηλ.)	[plíris ðiatrofí]
con bagno	**με μπανιέρα**	[me baniéra]
con doccia	**με ντους**	[me dúz]
televisione (f) satellitare	**δορυφορική τηλεόραση** (θηλ.)	[ðoriforikí tileórasi]
condizionatore (m)	**κλιματιστικό** (ουδ.)	[klimatistikó]
asciugamano (m)	**πετσέτα** (θηλ.)	[petséta]
chiave (f)	**κλειδί** (ουδ.)	[kliðí]
amministratore (m)	**υπεύθυνος** (αρ.)	[ipéfθinos]
cameriera (f)	**καμαριέρα** (θηλ.)	[kamariéra]
portabagagli (m)	**αχθοφόρος** (αρ.)	[axθofóros]
portiere (m)	**πορτιέρης** (αρ.)	[portiéris]
ristorante (m)	**εστιατόριο** (ουδ.)	[estiatório]
bar (m)	**μπαρ** (ουδ.), **μπυραρία** (θηλ.)	[bar], [biraría]
colazione (f)	**πρωινό** (ουδ.)	[proinó]
cena (f)	**δείπνο** (ουδ.)	[ðípno]
buffet (m)	**μπουφές** (αρ.)	[bufés]
hall (f) (atrio d'ingresso)	**φουαγιέ** (ουδ.)	[fuaјé]
ascensore (m)	**ασανσέρ** (ουδ.)	[asansér]
NON DISTURBARE	**ΜΗΝ ΕΝΟΧΛΕΙΤΕ!**	[min enoxlíte]
VIETATO FUMARE!	**ΑΠΑΓΟΡΕΥΕΤΑΙ ΤΟ ΚΑΠΝΙΣΜΑ**	[apaɣorévete to kápnizma]

22. Visita turistica

monumento (m)	**μνημείο** (ουδ.)	[mnimío]
fortezza (f)	**φρούριο** (ουδ.)	[frúrio]
palazzo (m)	**παλάτι** (ουδ.)	[palʲáti]
castello (m)	**κάστρο** (ουδ.)	[kástro]
torre (f)	**πύργος** (αρ.)	[pírɣos]
mausoleo (m)	**μαυσωλείο** (ουδ.)	[mafsolío]
architettura (f)	**αρχιτεκτονική** (θηλ.)	[arxitektonikí]
medievale (agg)	**μεσαιωνικός**	[meseonikós]

antico (agg)	**αρχαίος**	[arxéos]
nazionale (agg)	**εθνικός**	[eθnikós]
famoso (agg)	**διάσημος**	[ðiásimos]
turista (m)	**τουρίστας** (αρ.)	[turístas]
guida (f)	**ξεναγός** (αρ.)	[ksenaɣós]
escursione (f)	**εκδρομή** (θηλ.)	[ekðromí]
fare vedere	**δείχνω**	[ðíxno]
raccontare (vt)	**διηγούμαι**	[ðiiɣúme]
trovare (vt)	**βρίσκω**	[vrísko]
perdersi (vr)	**χάνομαι**	[xánome]
mappa (f) (~ della metropolitana)	**χάρτης** (αρ.)	[xártis]
piantina (f) (~ della città)	**χάρτης** (αρ.)	[xártis]
souvenir (m)	**ενθύμιο** (ουδ.)	[enθímio]
negozio (m) di articoli da regalo	**κατάστημα με είδη δώρων** (ουδ.)	[katástima me ídi ðóron]
fare foto	**φωτογραφίζω**	[fotoɣrafízo]
fotografarsi	**βγαίνω φωτογραφία**	[vʝéno fotoɣrafía]

T&P BOOKS

MEZZI DI TRASPORTO

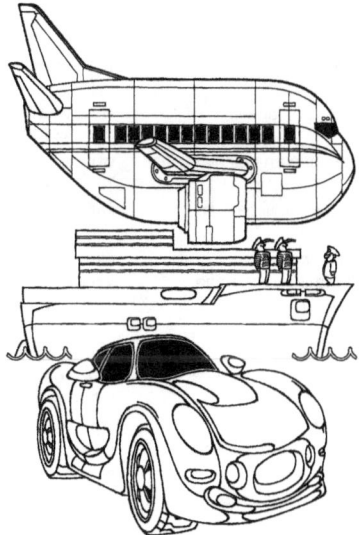

T&P Books Publishing

23. Aeroporto

aeroporto (m)	**αεροδρόμιο** (ουδ.)	[aeroðrómio]
aereo (m)	**αεροπλάνο** (ουδ.)	[aeroplʲáno]
compagnia (f) aerea	**αεροπορική εταιρεία** (θηλ.)	[aeroporikí etería]
controllore (m) di volo	**ελεγκτής εναέριας κυκλοφορίας** (αρ.)	[elengtís enaérias kiklʲoforías]
partenza (f)	**αναχώρηση** (θηλ.)	[anaxórisi]
arrivo (m)	**άφιξη** (θηλ.)	[áfiksi]
arrivare (vi)	**φτάνω**	[ftáno]
ora (f) di partenza	**ώρα αναχώρησης** (θηλ.)	[ora anaxórisis]
ora (f) di arrivo	**ώρα άφιξης** (θηλ.)	[óra áfiksis]
essere ritardato	**καθυστερώ**	[kaθisteró]
volo (m) ritardato	**καθυστέρηση πτήσης** (θηλ.)	[kaθistérisi ptísis]
tabellone (m) orari	**πίνακας πληροφοριών** (αρ.)	[pínakas pliroforión]
informazione (f)	**πληροφορίες** (θηλ.πλ.)	[pliroforíes]
annunciare (vt)	**ανακοινώνω**	[anakinóno]
volo (m)	**πτήση** (θηλ.)	[ptísi]
dogana (f)	**τελωνείο** (ουδ.)	[telʲonío]
doganiere (m)	**τελωνειακός** (αρ.)	[telʲoniakós]
dichiarazione (f)	**τελωνειακή διασάφηση** (θηλ.)	[telʲoniakí ðiasáfisi]
riempire una dichiarazione	**συμπληρώνω τη δήλωση**	[simblirónο ti ðílʲosi]
controllo (m) passaporti	**έλεγχος διαβατηρίων** (αρ.)	[élenxos ðiavatiríon]
bagaglio (m)	**αποσκευές** (θηλ.πλ.)	[aposkevés]
bagaglio (m) a mano	**χειραποσκευή** (θηλ.)	[xiraposkeví]
carrello (m)	**καρότσι αποσκευών** (ουδ.)	[karótsi aposkevón]
atterraggio (m)	**προσγείωση** (θηλ.)	[prozjíosi]
pista (f) di atterraggio	**διάδρομος προσγείωσης** (αρ.)	[ðiáðromos prozjíosis]
atterrare (vi)	**προσγειώνομαι**	[prozjiónome]
scaletta (f) dell'aereo	**σκάλα αεροσκάφους** (θηλ.)	[skálʲa aeroskáfus]
check-in (m)	**check-in** (ουδ.)	[tʃek-in]
banco (m) del check-in	**πάγκος ελέγχου εισητηρίων** (αρ.)	[pángos elénxu isitiríon]

fare il check-in	**κάνω check-in**	[káno ʧek-in]
carta (f) d'imbarco	**κάρτα επιβίβασης** (θηλ.)	[kárta epivívasis]
porta (f) d'imbarco	**πύλη αναχώρησης** (θηλ.)	[píli anaxórisis]
transito (m)	**διέλευση** (θηλ.)	[ðiélefsi]
aspettare (vt)	**περιμένω**	[periméno]
sala (f) d'attesa	**αίθουσα αναχώρησης** (θηλ.)	[éθusa anaxórisis]
accompagnare (vt)	**συνοδεύω**	[sinoðévo]
congedarsi (vr)	**αποχαιρετώ**	[apoxeretó]

24. Aeroplano

aereo (m)	**αεροπλάνο** (ουδ.)	[aeroplʲáno]
biglietto (m) aereo	**αεροπορικό εισιτήριο** (ουδ.)	[aeroporikó isitírio]
compagnia (f) aerea	**αεροπορική εταιρεία** (θηλ.)	[aeroporikí etería]
aeroporto (m)	**αεροδρόμιο** (ουδ.)	[aeroðrómio]
supersonico (agg)	**υπερηχητικός**	[iperixitikós]
comandante (m)	**κυβερνήτης** (αρ.)	[kivernítis]
equipaggio (m)	**πλήρωμα** (ουδ.)	[plíroma]
pilota (m)	**πιλότος** (αρ.)	[pilʲótos]
hostess (f)	**αεροσυνοδός** (θηλ.)	[aerosinoðós]
navigatore (m)	**πλοηγός** (αρ.)	[plʲoiɣós]
ali (f pl)	**φτερά** (ουδ.πλ.)	[fterá]
coda (f)	**ουρά** (θηλ.)	[urá]
cabina (f)	**πιλοτήριο** (ουδ.)	[pilʲotírio]
motore (m)	**κινητήρας** (αρ.)	[kinitíras]
carrello (m) d'atterraggio	**σύστημα προσγείωσης** (ουδ.)	[sístima prosʝíosis]
turbina (f)	**στρόβιλος** (αρ.)	[stróvilʲos]
elica (f)	**έλικας** (αρ.)	[élikas]
scatola (f) nera	**μαύρο κουτί** (ουδ.)	[mávro kutí]
barra (f) di comando	**πηδάλιο** (ουδ.)	[piðálio]
combustibile (m)	**καύσιμο** (ουδ.)	[káfsimo]
safety card (f)	**οδηγίες ασφαλείας** (θηλ.πλ.)	[oðiʝíes asfalías]
maschera (f) ad ossigeno	**μάσκα οξυγόνου** (θηλ.)	[máska oksiɣónu]
uniforme (f)	**στολή** (θηλ.)	[stolí]
giubbotto (m) di salvataggio	**σωσίβιο γιλέκο** (ουδ.)	[sosívio ʝiléko]
paracadute (m)	**αλεξίπτωτο** (ουδ.)	[aleksíptoto]
decollo (m)	**απογείωση** (θηλ.)	[apoʝíosi]
decollare (vi)	**απογειώνομαι**	[apoʝiónome]
pista (f) di decollo	**διάδρομος απογείωσης** (αρ.)	[ðiáðromos apoʝíosis]

visibilità (f)	ορατότητα (θηλ.)	[oratótita]
volo (m)	πέταγμα (ουδ.)	[pétaɣma]
altitudine (f)	ύψος (ουδ.)	[ípsos]
vuoto (m) d'aria	κενό αέρος (ουδ.)	[kenó aéros]
posto (m)	θέση (θηλ.)	[θési]
cuffia (f)	ακουστικά (ουδ.πλ.)	[akustiká]
tavolinetto (m) pieghevole	πτυσσόμενο τραπεζάκι (ουδ.)	[ptisómeno trapezáki]
oblò (m), finestrino (m)	παράθυρο (ουδ.)	[paráθiro]
corridoio (m)	διάδρομος (αρ.)	[ðiáðromos]

25. Treno

treno (m)	τραίνο, τρένο (ουδ.)	[tréno]
elettrotreno (m)	περιφερειακό τρένο (ουδ.)	[periferiakó tréno]
treno (m) rapido	τρένο εξπρές (ουδ.)	[tréno eksprés]
locomotiva (f) diesel	αμαξοστοιχία ντίζελ (θηλ.)	[amaksostixía dízelʲ]
locomotiva (f) a vapore	ατμάμαξα (θηλ.)	[atmámaksa]
carrozza (f)	βαγόνι (ουδ.)	[vaɣóni]
vagone (m) ristorante	εστιατόριο (ουδ.)	[estiatório]
rotaie (f pl)	ράγες (θηλ.πλ.)	[rájes]
ferrovia (f)	σιδηρόδρομος (αρ.)	[siðiróðromos]
traversa (f)	στρωτήρας (αρ.)	[strotíras]
banchina (f) (~ ferroviaria)	πλατφόρμα (θηλ.)	[plʲatfórma]
binario (m) (~ 1, 2)	αποβάθρα (θηλ.)	[apováθra]
semaforo (m)	σηματοδότης (αρ.)	[simatoðótis]
stazione (f)	σταθμός (αρ.)	[staθmós]
macchinista (m)	οδηγός τρένου (αρ.)	[oðiɣós trénu]
portabagagli (m)	αχθοφόρος (αρ.)	[axθofóros]
cuccettista (m, f)	συνοδός (αρ.)	[sinoðós]
passeggero (m)	επιβάτης (αρ.)	[epivátis]
controllore (m)	ελεγκτής εισιτηρίων (αρ.)	[elengtís isitiríon]
corridoio (m)	διάδρομος (αρ.)	[ðiáðromos]
freno (m) di emergenza	φρένο έκτακτης ανάγκης (ουδ.)	[fréno éktaktis anángis]
scompartimento (m)	κουπέ (ουδ.)	[kupé]
cuccetta (f)	κουκέτα (θηλ.)	[kukéta]
cuccetta (f) superiore	πάνω κουκέτα (θηλ.)	[páno kukéta]
cuccetta (f) inferiore	κάτω κουκέτα (θηλ.)	[káto kukéta]
biancheria (f) da letto	σεντόνια (ουδ.πλ.)	[sendónia]
biglietto (m)	εισιτήριο (ουδ.)	[isitírio]
orario (m)	δρομολόγιο (ουδ.)	[ðromolʲójo]

tabellone (m) orari	**πίνακας πληροφοριών** (αρ.)	[pínakas pliroforión]
partire (vi)	**αναχωρώ**	[anaxoró]
partenza (f)	**αναχώρηση** (θηλ.)	[anaxórisi]
arrivare (di un treno)	**φτάνω**	[ftáno]
arrivo (m)	**άφιξη** (θηλ.)	[áfiksi]
arrivare con il treno	**έρχομαι με τρένο**	[érxome me tréno]
salire sul treno	**ανεβαίνω στο τρένο**	[anevéno sto tréno]
scendere dal treno	**κατεβαίνω από το τρένο**	[katevéno apó to tréno]
deragliamento (m)	**πρόσκρουση τρένου** (θηλ.)	[próskrusi trénu]
fuochista (m)	**θερμαστής** (αρ.)	[θermastís]
forno (m)	**θάλαμο καύσης** (ουδ.)	[θálʲamo káfsis]
carbone (m)	**κάρβουνο** (ουδ.)	[kárvuno]

26. Nave

nave (f)	**πλοίο** (ουδ.)	[plío]
imbarcazione (f)	**σκάφος** (ουδ.)	[skáfos]
piroscafo (m)	**ατμόπλοιο** (ουδ.)	[atmóplio]
barca (f) fluviale	**ποταμόπλοιο** (ουδ.)	[potamóplio]
transatlantico (m)	**κρουαζιερόπλοιο** (ουδ.)	[kruazieróplio]
incrociatore (m)	**καταδρομικό** (ουδ.)	[kataðromikó]
yacht (m)	**κότερο** (ουδ.)	[kótero]
rimorchiatore (m)	**ρυμουλκό** (ουδ.)	[rimulʲkó]
chiatta (f)	**φορτηγίδα** (θηλ.)	[fortiįíða]
traghetto (m)	**φέρι μποτ** (ουδ.)	[féri bot]
veliero (m)	**ιστιοφόρο** (ουδ.)	[istiofóro]
brigantino (m)	**βριγαντίνο** (ουδ.)	[vriɣantíno]
rompighiaccio (m)	**παγοθραυστικό** (ουδ.)	[paɣoθrafstikó]
sottomarino (m)	**υποβρύχιο** (ουδ.)	[ipovríxo]
barca (f)	**βάρκα** (θηλ.)	[várka]
scialuppa (f)	**λέμβος** (θηλ.)	[lémvos]
scialuppa (f) di salvataggio	**σωσίβια λέμβος** (θηλ.)	[sosívia lémvos]
motoscafo (m)	**ταχύπλοο** (ουδ.)	[taxíplʲoo]
capitano (m)	**καπετάνιος** (αρ.)	[kapetánios]
marittimo (m)	**ναύτης** (αρ.)	[náftis]
marinaio (m)	**ναυτικός** (αρ.)	[naftikós]
equipaggio (m)	**πλήρωμα** (ουδ.)	[plíroma]
nostromo (m)	**λοστρόμος** (αρ.)	[lʲostrómos]
mozzo (m) di nave	**μούτσος** (αρ.)	[mútsos]
cuoco (m)	**μάγειρας** (αρ.)	[májiras]

medico (m) di bordo	**ιατρός πλοίου** (αρ.)	[jatrós plíu]
ponte (m)	**κατάστρωμα** (ουδ.)	[katástroma]
albero (m)	**κατάρτι** (ουδ.)	[katárti]
vela (f)	**ιστίο** (ουδ.)	[istío]
stiva (f)	**αμπάρι** (ουδ.)	[ambári]
prua (f)	**πλώρη** (θηλ.)	[plóri]
poppa (f)	**πρύμνη** (θηλ.)	[prímni]
remo (m)	**κουπί** (ουδ.)	[kupí]
elica (f)	**προπέλα** (θηλ.)	[propélʲa]
cabina (f)	**καμπίνα** (θηλ.)	[kabína]
quadrato (m) degli ufficiali	**αίθουσα αξιωματικών** (ουδ.)	[éθusa aksiomatikón]
sala (f) macchine	**μηχανοστάσιο** (ουδ.)	[mixanostásio]
ponte (m) di comando	**γέφυρα** (θηλ.)	[jéfira]
cabina (f) radiotelegrafica	**θάλαμος επικοινωνιών** (αρ.)	[θálamos epikinonión]
onda (f)	**κύμα** (ουδ.)	[kíma]
giornale (m) di bordo	**ημερολόγιο πλοίου** (ουδ.)	[imerolʲójo plíu]
cannocchiale (m)	**κυάλι** (ουδ.)	[kiáli]
campana (f)	**καμπάνα** (θηλ.)	[kabána]
bandiera (f)	**σημαία** (θηλ.)	[siméa]
cavo (m) (~ d'ormeggio)	**παλαμάρι** (ουδ.)	[palʲamári]
nodo (m)	**κόμβος** (αρ.)	[kómvos]
ringhiera (f)	**κουπαστή** (θηλ.)	[kupastí]
passerella (f)	**σκάλα επιβιβάσεως** (θηλ.)	[skálʲa epiviváseos]
ancora (f)	**άγκυρα** (θηλ.)	[ángira]
levare l'ancora	**σηκώνω άγκυρα**	[sikóno ángira]
gettare l'ancora	**ρίχνω άγκυρα**	[ríxno ángira]
catena (f) dell'ancora	**αλυσίδα της άγκυρας** (θηλ.)	[alisíða tis ángiras]
porto (m)	**λιμάνι** (ουδ.)	[limáni]
banchina (f)	**προβλήτα** (θηλ.)	[provlíta]
ormeggiarsi (vr)	**αράζω**	[arázo]
salpare (vi)	**σαλπάρω**	[salʲpáro]
viaggio (m)	**ταξίδι** (ουδ.)	[taksíði]
crociera (f)	**κρουαζιέρα** (θηλ.)	[kruaziéra]
rotta (f)	**ρότα, πορεία** (θηλ.)	[róta], [poría]
itinerario (m)	**δρομολόγιο** (ουδ.)	[ðromolʲójo]
tratto (m) navigabile	**πλωτό μέρος** (ουδ.)	[plʲotó méros]
secca (f)	**ρηχά** (ουδ.πλ.)	[rixá]
arenarsi (vr)	**εξοκέλλω**	[eksokélʲo]
tempesta (f)	**καταιγίδα** (θηλ.)	[katejíða]
segnale (m)	**σήμα** (ουδ.)	[síma]

affondare (andare a fondo)	**βυθίζομαι**	[viθízome]
SOS	**SOS** (ουδ.)	[es-o-es]
salvagente (m) anulare	**σωσίβιο** (ουδ.)	[sosívio]

T&P BOOKS

CITTÀ

T&P Books Publishing

27. Mezzi pubblici in città

autobus (m)	**λεωφορείο** (ουδ.)	[leoforío]
tram (m)	**τραμ** (ουδ.)	[tram]
filobus (m)	**τρόλεϊ** (ουδ.)	[trólej]
itinerario (m)	**δρομολόγιο** (ουδ.)	[ðromolʲójo]
numero (m)	**αριθμός** (αρ.)	[ariθmós]
andare in ...	**πηγαίνω με ...**	[pijéno me]
salire (~ sull'autobus)	**ανεβαίνω**	[anevéno]
scendere da ...	**κατεβαίνω**	[katevéno]
fermata (f) (~ dell'autobus)	**στάση** (θηλ.)	[stási]
prossima fermata (f)	**επόμενη στάση** (θηλ.)	[epómeni stási]
capolinea (m)	**τερματικός σταθμός** (αρ.)	[termatikós staθmós]
orario (m)	**δρομολόγιο** (ουδ.)	[ðromolʲójo]
aspettare (vt)	**περιμένω**	[periméno]
biglietto (m)	**εισιτήριο** (ουδ.)	[isitírio]
prezzo (m) del biglietto	**τιμή εισιτηρίου** (θηλ.)	[timí isitiríu]
cassiere (m)	**ταμίας** (αρ./θηλ.)	[tamías]
controllo (m) dei biglietti	**έλεγχος εισιτηρίων** (αρ.)	[élenxos isitiríon]
bigliettaio (m)	**ελεγκτής εισιτηρίων** (αρ.)	[elengtís isitiríon]
essere in ritardo	**καθυστερώ**	[kaθisteró]
perdere (~ il treno)	**καθυστερώ**	[kaθisteró]
avere fretta	**βιάζομαι**	[viázome]
taxi (m)	**ταξί** (ουδ.)	[taksí]
taxista (m)	**ταξιτζής** (αρ.)	[taksidzís]
in taxi	**με ταξί**	[me taksí]
parcheggio (m) di taxi	**πιάτσα ταξί** (θηλ.)	[piátsa taksí]
chiamare un taxi	**καλώ ταξί**	[kalʲó taksí]
prendere un taxi	**παίρνω ταξί**	[pérno taksí]
traffico (m)	**κίνηση** (θηλ.)	[kínisi]
ingorgo (m)	**μποτιλιάρισμα** (ουδ.)	[botiliárizma]
ore (f pl) di punta	**ώρα αιχμής** (θηλ.)	[óra exmís]
parcheggiarsi (vr)	**παρκάρω**	[parkáro]
parcheggiare (vt)	**παρκάρω**	[parkáro]
parcheggio (m)	**πάρκινγκ** (ουδ.)	[párking]
metropolitana (f)	**μετρό** (ουδ.)	[metró]
stazione (f)	**σταθμός** (αρ.)	[staθmós]
prendere la metropolitana	**παίρνω το μετρό**	[pérno to metró]

treno (m)	**τραίνο, τρένο** (ουδ.)	[tréno]
stazione (f) ferroviaria	**σιδηροδρομικός σταθμός** (αρ.)	[siðiroðromikós staθmós]

28. Città. Vita di città

città (f)	**πόλη** (θηλ.)	[póli]
capitale (f)	**πρωτεύουσα** (θηλ.)	[protévusa]
villaggio (m)	**χωριό** (ουδ.)	[xorió]
mappa (f) della città	**χάρτης πόλης** (αρ.)	[xártis pólis]
centro (m) della città	**κέντρο της πόλης** (ουδ.)	[kéndro tis pólis]
sobborgo (m)	**προάστιο** (ουδ.)	[proástio]
suburbano (agg)	**προαστιακός**	[proastiakós]
periferia (f)	**προάστια** (ουδ.πλ.)	[proástia]
dintorni (m pl)	**περίχωρα** (πλ.)	[períxora]
isolato (m)	**συνοικία** (θηλ.)	[sinikía]
quartiere residenziale	**οικιστικό τετράγωνο** (ουδ.)	[ikistikó tetráɣono]
traffico (m)	**κίνηση** (θηλ.)	[kínisi]
semaforo (m)	**φανάρι** (ουδ.)	[fanári]
trasporti (m pl) urbani	**δημόσιες συγκοινωνίες** (θηλ.πλ.)	[ðimósies singinoníes]
incrocio (m)	**διασταύρωση** (θηλ.)	[ðiastávrosi]
passaggio (m) pedonale	**διάβαση πεζών** (θηλ.)	[ðiávasi pezón]
sottopassaggio (m)	**υπόγεια διάβαση** (θηλ.)	[ipójia ðiávasi]
attraversare (vt)	**περνάω, διασχίζω**	[pernáo], [ðiasxízo]
pedone (m)	**πεζός** (αρ.)	[pezós]
marciapiede (m)	**πεζοδρόμιο** (ουδ.)	[pezoðrómio]
ponte (m)	**γέφυρα** (θηλ.)	[jéfira]
banchina (f)	**προκυμαία** (θηλ.)	[prokiméa]
fontana (f)	**κρήνη** (θηλ.)	[kríni]
vialetto (m)	**αλέα** (θηλ.)	[aléa]
parco (m)	**πάρκο** (ουδ.)	[párko]
boulevard (m)	**λεωφόρος** (θηλ.)	[leofóros]
piazza (f)	**πλατεία** (θηλ.)	[plʲatía]
viale (m), corso (m)	**λεωφόρος** (θηλ.)	[leofóros]
via (f), strada (f)	**δρόμος** (αρ.)	[ðrómos]
vicolo (m)	**παράδρομος** (αρ.)	[paráðromos]
vicolo (m) cieco	**αδιέξοδο** (ουδ.)	[aðiéksoðo]
casa (f)	**σπίτι** (ουδ.)	[spíti]
edificio (m)	**κτίριο** (ουδ.)	[ktírio]
grattacielo (m)	**ουρανοξύστης** (αρ.)	[uranoksístis]
facciata (f)	**πρόσοψη** (θηλ.)	[prósopsi]
tetto (m)	**στέγη** (θηλ.)	[stéji]

finestra (f)	**παράθυρο** (ουδ.)	[paráθiro]
arco (m)	**αψίδα** (θηλ.)	[apsíða]
colonna (f)	**κολόνα** (θηλ.)	[kolʲóna]
angolo (m)	**γωνία** (θηλ.)	[ɣonía]
vetrina (f)	**βιτρίνα** (θηλ.)	[vitrína]
insegna (f) (di negozi, ecc.)	**ταμπέλα** (θηλ.)	[tabélʲa]
cartellone (m)	**αφίσα** (θηλ.)	[afísa]
cartellone (m) pubblicitario	**διαφημιστική αφίσα** (θηλ.)	[ðiafimistikí afísa]
tabellone (m) pubblicitario	**διαφημιστική πινακίδα** (θηλ.)	[ðiafimistikí pinakíða]
pattume (m), spazzatura (f)	**σκουπίδια** (ουδ.πλ.)	[skupíðia]
pattumiera (f)	**σκουπιδοτενεκές** (αρ.)	[skupiðotenekés]
sporcare (vi)	**λερώνω με σκουπίδια**	[leróno me skupíðia]
discarica (f) di rifiuti	**χωματερή** (θηλ.)	[xomaterí]
cabina (f) telefonica	**τηλεφωνικός θάλαμος** (αρ.)	[tilefonikós θálʲamos]
lampione (m)	**φανοστάτης** (αρ.)	[fanostátis]
panchina (f)	**παγκάκι** (ουδ.)	[pangáki]
poliziotto (m)	**αστυνομικός** (αρ.)	[astinomikós]
polizia (f)	**αστυνομία** (θηλ.)	[astinomía]
mendicante (m)	**ζητιάνος** (αρ.)	[zitiános]
barbone (m)	**άστεγος** (αρ.)	[ásteɣos]

29. Servizi cittadini

negozio (m)	**κατάστημα** (ουδ.)	[katástima]
farmacia (f)	**φαρμακείο** (ουδ.)	[farmakío]
ottica (f)	**κατάστημα οπτικών** (ουδ.)	[katástima optikón]
centro (m) commerciale	**εμπορικό κέντρο** (ουδ.)	[emborikó kéndro]
supermercato (m)	**σουπερμάρκετ** (ουδ.)	[supermárket]
panetteria (f)	**αρτοπωλείο** (ουδ.)	[artopolío]
fornaio (m)	**φούρναρης** (αρ.)	[fúrnaris]
pasticceria (f)	**ζαχαροπλαστείο** (ουδ.)	[zaxaroplʲastío]
drogheria (f)	**μπακάλικο** (ουδ.)	[bakáliko]
macelleria (f)	**κρεοπωλείο** (ουδ.)	[kreopolío]
fruttivendolo (m)	**μανάβικο** (ουδ.)	[manáviko]
mercato (m)	**αγορά, λαϊκή** (θηλ.)	[aɣorá], [lʲajkí]
caffè (m)	**καφετέρια** (θηλ.)	[kafetéria]
ristorante (m)	**εστιατόριο** (ουδ.)	[estiatório]
birreria (f), pub (m)	**μπαρ** (ουδ.), **μπυραρία** (θηλ.)	[bar], [biraría]
pizzeria (f)	**πιτσαρία** (θηλ.)	[pitsaría]
salone (m) di parrucchiere	**κομμωτήριο** (ουδ.)	[komotírio]

ufficio (m) postale	**ταχυδρομείο** (ουδ.)	[taxiðromío]
lavanderia (f) a secco	**στεγνοκαθαριστήριο** (ουδ.)	[steɣnokaθaristírio]
studio (m) fotografico	**φωτογραφείο** (ουδ.)	[fotoɣrafío]
negozio (m) di scarpe	**κατάστημα παπουτσιών** (ουδ.)	[katástima paputsión]
libreria (f)	**βιβλιοπωλείο** (ουδ.)	[vivliopolío]
negozio (m) sportivo	**κατάστημα αθλητικών ειδών** (ουδ.)	[katástima aθlitikón iðón]
riparazione (f) di abiti	**κατάστημα επιδιορθώσεων ενδυμάτων** (ουδ.)	[katástima epiðiorθóseon enðimáton]
noleggio (m) di abiti	**ενοικίαση ενδυμάτων** (θηλ.)	[enikíasi enðimáton]
noleggio (m) di film	**κατάστημα ενοικίασης βίντεο** (ουδ.)	[katástima enikíasis vídeo]
circo (m)	**τσίρκο** (ουδ.)	[tsírko]
zoo (m)	**ζωολογικός κήπος** (αρ.)	[zool^jojikós kípos]
cinema (m)	**κινηματογράφος** (αρ.)	[kinimatoɣráfos]
museo (m)	**μουσείο** (ουδ.)	[musío]
biblioteca (f)	**βιβλιοθήκη** (θηλ.)	[vivlioθíki]
teatro (m)	**θέατρο** (ουδ.)	[θéatro]
teatro (m) dell'opera	**όπερα** (θηλ.)	[ópera]
locale notturno (m)	**νυχτερινό κέντρο** (ουδ.)	[nixterinó kéndro]
casinò (m)	**καζίνο** (ουδ.)	[kazíno]
moschea (f)	**τζαμί** (ουδ.)	[dzamí]
sinagoga (f)	**συναγωγή** (θηλ.)	[sinaɣojí]
cattedrale (f)	**καθεδρικός** (αρ.)	[kaθeðrikós]
tempio (m)	**ναός** (αρ.)	[naós]
chiesa (f)	**εκκλησία** (θηλ.)	[eklisía]
istituto (m)	**πανεπιστήμιο** (ουδ.)	[panepistímio]
università (f)	**πανεπιστήμιο** (ουδ.)	[panepistímio]
scuola (f)	**σχολείο** (ουδ.)	[sxolío]
prefettura (f)	**νομός** (αρ.)	[nómos]
municipio (m)	**δημαρχείο** (ουδ.)	[ðimarxío]
albergo, hotel (m)	**ξενοδοχείο** (ουδ.)	[ksenoðoxío]
banca (f)	**τράπεζα** (θηλ.)	[trápeza]
ambasciata (f)	**πρεσβεία** (θηλ.)	[prezvía]
agenzia (f) di viaggi	**ταξιδιωτικό γραφείο** (ουδ.)	[taksiðiotikó ɣrafío]
ufficio (m) informazioni	**γραφείο πληροφοριών** (ουδ.)	[ɣrafío pliroforión]
ufficio (m) dei cambi	**ανταλλακτήριο συναλλάγματος** (ουδ.)	[andal^jaktírio sinal^jáɣmatos]
metropolitana (f)	**μετρό** (ουδ.)	[metró]
ospedale (m)	**νοσοκομείο** (ουδ.)	[nosokomío]

distributore (m) di benzina	**βενζινάδικο** (ουδ.)	[venzináðiko]
parcheggio (m)	**πάρκινγκ** (ουδ.)	[párking]

30. Cartelli

insegna (f) (di negozi, ecc.)	**ταμπέλα** (θηλ.)	[tabélʲa]
iscrizione (f)	**επιγραφή** (θηλ.)	[epiɣrafí]
cartellone (m)	**αφίσα, πόστερ** (ουδ.)	[afísa], [póster]
segnale (m) di direzione	**πινακίδα** (θηλ.)	[pinakíða]
freccia (f)	**βελάκι** (ουδ.)	[velʲáki]
avvertimento (m)	**προειδοποίηση** (θηλ.)	[proiðopíisi]
avviso (m)	**προειδοποίηση** (θηλ.)	[proiðopíisi]
avvertire, avvisare (vt)	**προειδοποιώ**	[proiðopió]
giorno (m) di riposo	**ρεπό** (ουδ.)	[repó]
orario (m)	**ωράριο** (ουδ.)	[orário]
orario (m) di apertura	**ώρες λειτουργίας** (θηλ.πλ.)	[óres liturɉías]
BENVENUTI!	**ΚΑΛΩΣ ΗΡΘΑΤΕ!**	[kalʲos írθate]
ENTRATA	**ΕΙΣΟΔΟΣ**	[ísoðos]
USCITA	**ΕΞΟΔΟΣ**	[éksoðos]
SPINGERE	**ΩΘΗΣΑΤΕ**	[oθísate]
TIRARE	**ΕΛΞΑΤΕ**	[élʲksate]
APERTO	**ΑΝΟΙΚΤΟ**	aníkto
CHIUSO	**ΚΛΕΙΣΤΟ**	[klísto]
DONNE	**ΓΥΝΑΙΚΩΝ**	[ɉinekón]
UOMINI	**ΑΝΔΡΕΣ**	[ánðres]
SCONTI	**ΕΚΠΤΩΣΕΙΣ**	[ekptósis]
SALDI	**ΞΕΠΟΥΛΗΜΑ**	[ksepúlima]
NOVITÀ!	**ΝΕΟ!**	[néo]
GRATIS	**ΔΩΡΕΑΝ**	[ðoreán]
ATTENZIONE!	**ΠΡΟΣΟΧΗ!**	[prosoxí]
COMPLETO	**ΔΕΝ ΥΠΑΡΧΟΥΝ ΚΕΝΑ ΔΩΜΑΤΙΑ**	[ðen ipárxun kená ðomátia]
RISERVATO	**ΡΕΖΕΡΒΕ**	[rezervé]
AMMINISTRAZIONE	**ΔΙΕΥΘΥΝΤΗΣ**	[ðiéfθindis]
RISERVATO AL PERSONALE	**ΜΟΝΟ ΓΙΑ ΤΟ ΠΡΟΣΩΠΙΚΟ**	[móno ɉa to prosopikó]
ATTENTI AL CANE	**ΠΡΟΣΟΧΗ ΣΚΥΛΟΣ**	[prosoxí skílʲos]
VIETATO FUMARE!	**ΑΠΑΓΟΡΕΥΕΤΑΙ ΤΟ ΚΑΠΝΙΣΜΑ**	[apaɣorévete to kápnizma]
NON TOCCARE	**ΜΗΝ ΑΓΓΙΖΕΤΕ!**	[min angízete]
PERICOLOSO	**ΚΙΝΔΥΝΟΣ**	[kínðinos]

PERICOLO	**ΚΙΝΔΥΝΟΣ**	[kínðinos]
ALTA TENSIONE	**ΥΨΗΛΗ ΤΑΣΗ**	[ípseli tási]
DIVIETO DI BALNEAZIONE	**ΑΠΑΓΟΡΕΥΕΤΑΙ ΤΟ ΚΟΛΥΜΠΙ**	[apaɣorévete to kolíbi]
GUASTO	**ΕΚΤΟΣ ΛΕΙΤΟΥΡΓΙΑΣ**	éktos liturʝías
INFIAMMABILE	**ΕΥΦΛΕΚΤΟ**	[éflekto]
VIETATO	**ΑΠΑΓΟΡΕΥΕΤΑΙ**	[apaɣorévete]
VIETATO L'INGRESSO	**ΑΠΑΓΟΡΕΥΕΤΑΙ ΤΟ ΠΕΡΑΣΜΑ**	[apaɣorévete to pérazma]
VERNICE FRESCA	**ΦΡΕΣΚΟΒΑΜΜΕΝΟ**	[frésko vaméno]

31. Acquisti

comprare (vt)	**αγοράζω**	[aɣorázo]
acquisto (m)	**αγορά** (θηλ.)	[aɣorá]
fare acquisti	**ψωνίζω**	[psonízo]
shopping (m)	**shopping** (ουδ.)	[ʃópiŋ]
essere aperto (negozio)	**λειτουργώ**	[lituɣó]
essere chiuso	**κλείνω**	[klíno]
calzature (f pl)	**υποδήματα** (ουδ.πλ.)	[ipoðímata]
abbigliamento (m)	**ενδύματα** (ουδ.πλ.)	[enðímata]
cosmetica (f)	**καλλυντικά** (ουδ.πλ.)	[kalindiká]
alimentari (m pl)	**τρόφιμα** (ουδ.πλ.)	[trófima]
regalo (m)	**δώρο** (ουδ.)	[ðóro]
commesso (m)	**πωλητής** (αρ.)	[politís]
commessa (f)	**πωλήτρια** (θηλ.)	[polítria]
cassa (f)	**ταμείο** (ουδ.)	[tamío]
specchio (m)	**καθρέφτης** (αρ.)	[kaθréftis]
banco (m)	**πάγκος** (αρ.)	[pángos]
camerino (m)	**δοκιμαστήριο** (ουδ.)	[ðokimastírio]
provare (~ un vestito)	**δοκιμάζω**	[ðokimázo]
stare bene (vestito)	**ταιριάζω**	[teriázo]
piacere (vi)	**μου αρέσει**	[mu arési]
prezzo (m)	**τιμή** (θηλ.)	[timí]
etichetta (f) del prezzo	**καρτέλα τιμής** (θηλ.)	[kartélʲa timís]
costare (vt)	**κοστίζω**	[kostízo]
Quanto?	**Πόσο κάνει;**	póso káni?
sconto (m)	**έκπτωση** (θηλ.)	[ékptosi]
no muy caro (agg)	**φτηνός**	[ftinós]
a buon mercato	**φτηνός**	[ftinós]
caro (agg)	**ακριβός**	[akrivós]
È caro	**Είναι ακριβός**	[íne akrivós]

noleggio (m)	ενοικίαση (θηλ.)	[enikíasi]
noleggiare (~ un abito)	νοικιάζω	[nikiázo]
credito (m)	πίστωση (θηλ.)	[pístosi]
a credito	με πίστωση	[me pístosi]

T&P BOOKS

ABBIGLIAMENTO E ACCESSORI

T&P Books Publishing

32. Indumenti. Soprabiti

vestiti (m pl)	**ενδύματα** (ουδ.πλ.)	[enðímata]
soprabito (m)	**πανωφόρια** (ουδ.πλ.)	[panofória]
abiti (m pl) invernali	**χειμωνιάτικα ρούχα** (ουδ.πλ.)	[ximoniátika rúxa]
cappotto (m)	**παλτό** (ουδ.)	[pal^{j}tó]
pelliccia (f)	**γούνα** (θηλ.)	[ɣúna]
pellicciotto (m)	**κοντογούνι** (ουδ.)	[kondoɣúni]
piumino (m)	**πουπουλένιο μπουφάν** (ουδ.)	[pupulénio bufán]
giubbotto (m), giaccha (f)	**μπουφάν** (ουδ.)	[bufán]
impermeabile (m)	**αδιάβροχο** (ουδ.)	[aðiávroxo]
impermeabile (agg)	**αδιάβροχος**	[aðiávroxos]

33. Abbigliamento uomo e donna

camicia (f)	**πουκάμισο** (ουδ.)	[pukámiso]
pantaloni (m pl)	**παντελόνι** (ουδ.)	[pandel^{j}óni]
jeans (m pl)	**τζιν** (ουδ.)	[dzin]
giacca (f) (~ di tweed)	**σακάκι** (ουδ.)	[sakáki]
abito (m) da uomo	**κοστούμι** (ουδ.)	[kostúmi]
abito (m)	**φόρεμα** (ουδ.)	[fórema]
gonna (f)	**φούστα** (θηλ.)	[fústa]
camicetta (f)	**μπλούζα** (θηλ.)	[bl^{j}úza]
giacca (f) a maglia	**ζακέτα** (θηλ.)	[zakéta]
giacca (f) tailleur	**σακάκι** (ουδ.)	[sakáki]
maglietta (f)	**μπλουζάκι** (ουδ.)	[bl^{j}uzáki]
pantaloni (m pl) corti	**σορτς** (ουδ.)	[sorts]
tuta (f) sportiva	**αθλητική φόρμα** (θηλ.)	[aθlitikí fórma]
accappatoio (m)	**μπουρνούζι** (ουδ.)	[burnúzi]
pigiama (m)	**πιτζάμα** (θηλ.)	[pidzáma]
maglione (m)	**πουλόβερ** (ουδ.)	[pul^{j}óver]
pullover (m)	**πουλόβερ** (ουδ.)	[pul^{j}óver]
gilè (m)	**γιλέκο** (ουδ.)	[ʝiléko]
frac (m)	**φράκο** (ουδ.)	[fráko]
smoking (m)	**σμόκιν** (ουδ.)	[smókin]
uniforme (f)	**στολή** (θηλ.)	[stolí]

tuta (f) da lavoro	**τα ρούχα της δουλειάς** (ουδ.πλ.)	[ta rúxa tis ðuliás]
salopette (f)	**φόρμα** (θηλ.)	[fórma]
camice (m) (~ del dottore)	**ρόμπα** (θηλ.)	[rómpa]

34. Abbigliamento. Biancheria intima

biancheria (f) intima	**εσώρουχα** (ουδ.πλ.)	[esóruxa]
maglietta (f) intima	**φανέλα** (θηλ.)	[fanélʲa]
calzini (m pl)	**κάλτσες** (θηλ.πλ.)	[kálʲtses]
camicia (f) da notte	**νυχτικό** (ουδ.)	[nixtikó]
reggiseno (m)	**σουτιέν** (ουδ.)	[sutién]
calzini (m pl) alti	**κάλτσες μέχρι το γόνατο** (θηλ.πλ.)	[kálʲtses méxri to ɣónato]
collant (m)	**καλτσόν** (ουδ.)	[kalʲtsón]
calze (f pl)	**κάλτσες** (θηλ.πλ.)	[kálʲtses]
costume (m) da bagno	**μαγιό** (ουδ.)	[maʝió]

35. Copricapo

cappello (m)	**καπέλο** (ουδ.)	[kapélʲo]
cappello (m) di feltro	**καπέλο, φεντόρα** (ουδ.)	[kapélʲo], [fedóra]
cappello (m) da baseball	**καπέλο του μπέιζμπολ** (ουδ.)	[kapélʲo tu béjzbolʲ]
coppola (f)	**κασκέτο** (ουδ.)	[kaskéto]
basco (m)	**μπερές** (αρ.)	[berés]
cappuccio (m)	**κουκούλα** (θηλ.)	[kukúlʲa]
panama (m)	**παναμάς** (αρ.)	[panamás]
berretto (m) a maglia	**πλεκτό καπέλο** (ουδ.)	[plektó kapélʲo]
fazzoletto (m) da capo	**μαντήλι** (ουδ.)	[mandíli]
cappellino (m) donna	**γυναικείο καπέλο** (ουδ.)	[ʝinekío kapélʲo]
casco (m) (~ di sicurezza)	**κράνος** (ουδ.)	[krános]
bustina (f)	**δίκοχο** (ουδ.)	[ðíkoxo]
casco (m) (~ moto)	**κράνος** (ουδ.)	[krános]
bombetta (f)	**μπόουλερ** (αρ.)	[bóuler]
cilindro (m)	**ψηλό καπέλο** (ουδ.)	[psilʲó kapélʲo]

36. Calzature

calzature (f pl)	**υποδήματα** (ουδ.πλ.)	[ipoðímata]
stivaletti (m pl)	**παπούτσια** (ουδ.πλ.)	[papútsia]

scarpe (f pl)	**γόβες** (θηλ.πλ.)	[ɣóves]
stivali (m pl)	**μπότες** (θηλ.πλ.)	[bótes]
pantofole (f pl)	**παντόφλες** (θηλ.πλ.)	[pandófles]
scarpe (f pl) da tennis	**αθλητικά** (ουδ.πλ.)	[aθlitiká]
scarpe (f pl) da ginnastica	**αθλητικά παπούτσια** (ουδ.πλ.)	[aθlitiká papútsia]
sandali (m pl)	**σανδάλια** (ουδ.)	[sanðália]
calzolaio (m)	**τσαγκάρης** (αρ.)	[tsangáris]
tacco (m)	**τακούνι** (ουδ.)	[takúni]
paio (m)	**ζευγάρι** (ουδ.)	[zevɣári]
laccio (m)	**κορδόνι** (ουδ.)	[korðóni]
allacciare (vt)	**δένω τα κορδόνια**	[ðéno ta korðónia]
calzascarpe (m)	**κόκκαλο παπουτσιών** (ουδ.)	[kókalʲo paputsion]
lucido (m) per le scarpe	**κρέμα παπουτσιών** (θηλ.)	[kréma paputsión]

37. Accessori personali

guanti (m pl)	**γάντια** (ουδ.πλ.)	[ɣándia]
sciarpa (f)	**κασκόλ** (ουδ.)	[kaskólʲ]
occhiali (m pl)	**γυαλιά** (ουδ.πλ.)	[ʝaliá]
montatura (f)	**σκελετός** (αρ.)	[skeletós]
ombrello (m)	**ομπρέλα** (θηλ.)	[ombrélʲa]
bastone (m)	**μπαστούνι** (ουδ.)	[bastúni]
spazzola (f) per capelli	**βούρτσα** (θηλ.)	[vúrtsa]
ventaglio (m)	**βεντάλια** (θηλ.)	[vendália]
cravatta (f)	**γραβάτα** (θηλ.)	[ɣraváta]
cravatta (f) a farfalla	**παπιγιόν** (ουδ.)	[papiʝón]
bretelle (f pl)	**τιράντες** (θηλ.πλ.)	[tirándes]
fazzoletto (m)	**μαντήλι** (ουδ.)	[mandíli]
pettine (m)	**χτένα** (θηλ.)	[xténa]
fermaglio (m)	**φουρκέτα** (θηλ.)	[furkéta]
forcina (f)	**φουρκέτα** (θηλ.)	[furkéta]
fibbia (f)	**πόρπη** (θηλ.)	[pórpi]
cintura (f)	**ζώνη** (θηλ.)	[zóni]
spallina (f)	**λουρί** (αρ.)	[lʲurí]
borsa (f)	**τσάντα** (θηλ.)	[tsánda]
borsetta (f)	**τσάντα** (θηλ.)	[tsánda]
zaino (m)	**σακίδιο** (ουδ.)	[sakíðio]

38. Abbigliamento. Varie

moda (f)	μόδα (θηλ.)	[móða]
di moda	της μόδας	[tis móðas]
stilista (m)	σχεδιαστής (αρ.)	[sxeðiastís]

collo (m)	γιακάς (αρ.)	[jakás]
tasca (f)	τσέπη (θηλ.)	[tsépi]
tascabile (agg)	της τσέπης	[tis tsépis]
manica (f)	μανίκι (ουδ.)	[maníki]
asola (f) per appendere	θηλιά (θηλ.)	[θiliá]
patta (f) (~ dei pantaloni)	φερμουάρ (ουδ.)	[fermuár]

cerniera (f) lampo	φερμουάρ (ουδ.)	[fermuár]
chiusura (f)	κούμπωμα (ουδ.)	[kúmboma]
bottone (m)	κουμπί (ουδ.)	[kumbí]
occhiello (m)	κουμπότρυπα (θηλ.)	[kumbótripa]
staccarsi (un bottone)	βγαίνω	[vjéno]

cucire (vi, vt)	ράβω	[rávo]
ricamare (vi, vt)	κεντώ	[kendó]
ricamo (m)	κέντημα (ουδ.)	[kéndima]
ago (m)	βελόνα (θηλ.)	[veljóna]
filo (m)	κλωστή (θηλ.)	[kljostí]
cucitura (f)	ραφή (θηλ.)	[rafí]

sporcarsi (vr)	λερώνομαι	[lerónome]
macchia (f)	λεκές (αρ.)	[lekés]
sgualcirsi (vr)	τσαλακώνομαι	[tsaljakónome]
strappare (vt)	σκίζω	[skízo]
tarma (f)	σκόρος (αρ.)	[skóros]

39. Cura della persona. Cosmetici

dentifricio (m)	οδοντόκρεμα (θηλ.)	[oðondókrema]
spazzolino (m) da denti	οδοντόβουρτσα (θηλ.)	[oðondóvutsa]
lavarsi i denti	πλένω τα δόντια	[pléno ta ðóndia]

rasoio (m)	ξυράφι (ουδ.)	[ksiráfi]
crema (f) da barba	κρέμα ξυρίσματος (θηλ.)	[kréma ksirízmatos]
rasarsi (vr)	ξυρίζομαι	[ksirízome]

sapone (m)	σαπούνι (ουδ.)	[sapúni]
shampoo (m)	σαμπουάν (ουδ.)	[sambuán]

forbici (f pl)	ψαλίδι (ουδ.)	[psalíði]
limetta (f)	λίμα νυχιών (θηλ.)	[líma nixión]
tagliaunghie (m)	νυχοκόπτης (αρ.)	[nixokóptis]
pinzette (f pl)	τσιμπιδάκι (ουδ.)	[tsimbiðáki]

cosmetica (f)	**καλλυντικά** (ουδ.πλ.)	[kalindiká]
maschera (f) di bellezza	**μάσκα** (θηλ.)	[máska]
manicure (m)	**μανικιούρ** (ουδ.)	[manikiúr]
fare la manicure	**κάνω μανικιούρ**	[káno manikiúr]
pedicure (m)	**πεντικιούρ** (ουδ.)	[pedikiúr]
borsa (f) del trucco	**τσαντάκι καλλυντικών** (ουδ.)	[tsandáki kalindikón]
cipria (f)	**πούδρα** (θηλ.)	[púðra]
portacipria (m)	**πουδριέρα** (θηλ.)	[puðriéra]
fard (m)	**ρουζ** (ουδ.)	[ruz]
profumo (m)	**άρωμα** (ουδ.)	[ároma]
acqua (f) da toeletta	**κολόνια** (θηλ.)	[kolʲónia]
lozione (f)	**λοσιόν** (θηλ.)	[lʲosión]
acqua (f) di Colonia	**κολόνια** (θηλ.)	[kolʲónia]
ombretto (m)	**σκιά ματιών** (θηλ.)	[skiá matión]
eyeliner (m)	**μολύβι ματιών** (ουδ.)	[molívi matión]
mascara (m)	**μάσκαρα** (θηλ.)	[máskara]
rossetto (m)	**κραγιόν** (ουδ.)	[kraʝión]
smalto (m)	**βερνίκι νυχιών** (ουδ.)	[verníki nixión]
lacca (f) per capelli	**λακ μαλλιών** (ουδ.)	[lʲak malión]
deodorante (m)	**αποσμητικό** (ουδ.)	[apozmitikó]
crema (f)	**κρέμα** (θηλ.)	[kréma]
crema (f) per il viso	**κρέμα προσώπου** (θηλ.)	[kréma prosópu]
crema (f) per le mani	**κρέμα χεριών** (θηλ.)	[kréma xerión]
crema (f) antirughe	**αντιρυτιδική κρέμα** (θηλ.)	[andiritiðikí kréma]
crema (f) da giorno	**κρέμα ημέρας** (θηλ.)	[kréma iméras]
crema (f) da notte	**κρέμα νυκτός** (θηλ.)	[kréma niktós]
tampone (m)	**ταμπόν** (ουδ.)	[tabón]
carta (f) igienica	**χαρτί υγείας** (ουδ.)	[xartí ʝías]
fon (m)	**πιστολάκι** (ουδ.)	[pistolʲáki]

40. Orologi da polso. Orologio

orologio (m) (~ da polso)	**ρολόι χειρός** (ουδ.)	[rolʲój xirós]
quadrante (m)	**πλάκα ρολογιού** (θηλ.)	[plʲáka rolʲoʝú]
lancetta (f)	**δείκτης** (αρ.)	[ðíktis]
braccialetto (m)	**μπρασελέ** (ουδ.)	[braselé]
cinturino (m)	**λουράκι** (ουδ.)	[lʲuráki]
pila (f)	**μπαταρία** (θηλ.)	[batarία]
essere scarico	**εξαντλούμαι**	[eksantlʲúme]
cambiare la pila	**αλλάζω μπαταρία**	[alʲázo batarία]
andare avanti	**πηγαίνω μπροστά**	[piʝéno brostá]
andare indietro	**πηγαίνω πίσω**	[piʝéno píso]

orologio (m) da muro	**ρολόι τοίχου** (ουδ.)	[rolʲój tíxu]
clessidra (f)	**κλεψύδρα** (θηλ.)	[klepsíðra]
orologio (m) solare	**ηλιακό ρολόι** (ουδ.)	[iliakó rolʲój]
sveglia (f)	**ξυπνητήρι** (ουδ.)	[ksipnitíri]
orologiaio (m)	**ωρολογοποιός** (αρ.)	[orolʲoɣopiós]
riparare (vt)	**επισκευάζω**	[episkevázo]

L'ESPERIENZA QUOTIDIANA

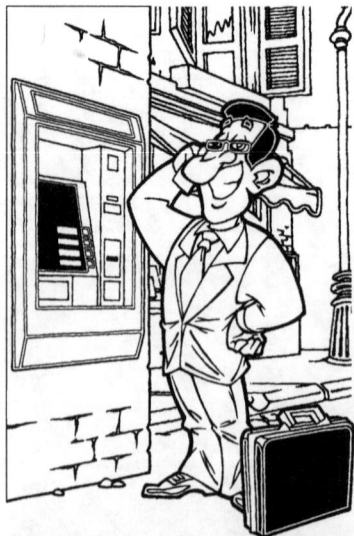

41. Denaro

soldi (m pl)	**χρήματα** (ουδ.πλ.)	[xrímata]
cambio (m)	**ανταλλαγή** (θηλ.)	[andalʲaj̯í]
corso (m) di cambio	**ισοτιμία** (θηλ.)	[isotimía]
bancomat (m)	**ATM** (ουδ.)	[eitiém]
moneta (f)	**κέρμα** (ουδ.)	[kérma]
dollaro (m)	**δολάριο** (ουδ.)	[ðolʲário]
euro (m)	**ευρώ** (ουδ.)	[evró]
lira (f)	**λίρα** (θηλ.)	[líra]
marco (m)	**μάρκο** (ουδ.)	[márko]
franco (m)	**φράγκο** (ουδ.)	[frángo]
sterlina (f)	**στερλίνα** (θηλ.)	[sterlína]
yen (m)	**γιεν** (ουδ.)	[j̯én]
debito (m)	**χρέος** (ουδ.)	[xréos]
debitore (m)	**χρεώστης** (αρ.)	[xreóstis]
prestare (~ i soldi)	**δανείζω**	[ðanízo]
prendere in prestito	**δανείζομαι**	[ðanízome]
banca (f)	**τράπεζα** (θηλ.)	[trápeza]
conto (m)	**λογαριασμός** (αρ.)	[lʲoɣariazmós]
versare sul conto	**καταθέτω στο λογαριασμό**	[kataθéto sto lʲoɣariazmó]
prelevare dal conto	**κάνω ανάληψη**	[káno análipsi]
carta (f) di credito	**πιστωτική κάρτα** (θηλ.)	[pistotikí kárta]
contanti (m pl)	**μετρητά** (ουδ.πλ.)	[metritá]
assegno (m)	**επιταγή** (θηλ.)	[epitaj̯í]
emettere un assegno	**κόβω επιταγή**	[kóvo epitaj̯í]
libretto (m) di assegni	**βιβλιάριο επιταγών** (ουδ.)	[vivliário epitaɣón]
portafoglio (m)	**πορτοφόλι** (ουδ.)	[portofóli]
borsellino (m)	**πορτοφόλι** (ουδ.)	[portofóli]
cassaforte (f)	**χρηματοκιβώτιο** (ουδ.)	[xrimatokivótio]
erede (m)	**κληρονόμος** (αρ.)	[klironómos]
eredità (f)	**κληρονομιά** (θηλ.)	[klironomiá]
fortuna (f)	**περιουσία** (θηλ.)	[periusía]
affitto (m), locazione (f)	**σύμβαση μίσθωσης** (θηλ.)	[símvasi mísθosis]
canone (m) d'affitto	**ενοίκιο** (ουδ.)	[eníkio]
affittare (dare in affitto)	**νοικιάζω**	[nikiázo]
prezzo (m)	**τιμή** (θηλ.)	[timí]

costo (m)	**κόστος** (ουδ.)	[kóstos]
somma (f)	**ποσό** (ουδ.)	[posó]
spendere (vt)	**ξοδεύω**	[ksoðévo]
spese (f pl)	**έξοδα** (ουδ.πλ.)	[éksoða]
economizzare (vi, vt)	**κάνω οικονομία**	[káno ikonomía]
economico (agg)	**οικονομικός**	[ikonomikós]
pagare (vi, vt)	**πληρώνω**	[pliróno]
pagamento (m)	**αμοιβή** (θηλ.)	[amiví]
resto (m) (dare il ~)	**ρέστα** (ουδ.πλ.)	[résta]
imposta (f)	**φόρος** (αρ.)	[fóros]
multa (f), ammenda (f)	**πρόστιμο** (ουδ.)	[próstimo]
multare (vt)	**επιβάλλω πρόστιμο**	[epiválʲo próstimo]

42. Posta. Servizio postale

ufficio (m) postale	**ταχυδρομείο** (ουδ.)	[taxiðromío]
posta (f) (lettere, ecc.)	**ταχυδρομείο** (ουδ.)	[taxiðromío]
postino (m)	**ταχυδρόμος** (αρ.)	[taxiðrómos]
orario (m) di apertura	**ώρες λειτουργίας** (θηλ.πλ.)	[óres liturʝías]
lettera (f)	**γράμμα** (ουδ.)	[ɣráma]
raccomandata (f)	**συστημένο γράμμα** (ουδ.)	[sistiméno ɣráma]
cartolina (f)	**κάρτα** (θηλ.)	[kárta]
telegramma (m)	**τηλεγράφημα** (ουδ.)	[tileɣráfima]
pacco (m) postale	**δέμα** (ουδ.)	[ðéma]
vaglia (m) postale	**έμβασμα** (ουδ.)	[émvazma]
ricevere (vt)	**λαμβάνω**	[lʲamváno]
spedire (vt)	**στέλνω**	[stélʲno]
invio (m)	**αποστολή** (θηλ.)	[apostolí]
indirizzo (m)	**διεύθυνση** (θηλ.)	[ðiéfθinsi]
codice (m) postale	**ταχυδρομικός κώδικας** (αρ.)	[taxiðromikós kóðikas]
mittente (m)	**αποστολέας** (αρ.)	[apostoléas]
destinatario (m)	**παραλήπτης** (αρ.)	[paralíptis]
nome (m)	**όνομα** (ουδ.)	[ónoma]
cognome (m)	**επώνυμο** (ουδ.)	[epónimo]
tariffa (f)	**ταχυδρομικό τέλος** (ουδ.)	[taxiðromikó télʲos]
ordinario (agg)	**κανονικός**	[kanonikós]
standard (agg)	**οικονομικός**	[ikonomikós]
peso (m)	**βάρος** (ουδ.)	[város]
pesare (vt)	**ζυγίζω**	[ziʝízo]
busta (f)	**φάκελος** (αρ.)	[fákelʲos]

francobollo (m)	γραμματόσημο (ουδ.)	[γramatósimo]
affrancare (vt)	βάζω γραμματόσημο	[vázo γramatósimo]

43. Attività bancaria

banca (f)	τράπεζα (θηλ.)	[trápeza]
filiale (f)	κατάστημα (ουδ.)	[katástima]
consulente (m)	υπάλληλος (αρ.)	[ipáliⁱos]
direttore (m)	διευθυντής (αρ.)	[ðiefθindís]
conto (m) bancario	λογαριασμός (αρ.)	[lⁱoγariazmós]
numero (m) del conto	αριθμός	[ariθmós
	λογαριασμού (αρ.)	lⁱoγariazmú]
conto (m) corrente	τρεχούμενος	[trexúmenos
	λογαριασμός (αρ.)	lⁱoγariazmós]
aprire un conto	ανοίγω λογαριασμό	[aníγo lⁱoγariazmó]
chiudere il conto	κλείνω λογαριασμό	[klíno lⁱoγariazmó]
versare sul conto	καταθέτω	[kataθéto
	στο λογαριασμό	sto lⁱoγariazmó]
prelevare dal conto	κάνω ανάληψη	[káno análipsi]
deposito (m)	κατάθεση (θηλ.)	[katáθesi]
depositare (vt)	καταθέτω	[kataθéto]
trasferimento (m)	έμβασμα (ουδ.)	[émvazma]
telegrafico		
rimettere i soldi	εμβάζω	[emvázo]
somma (f)	ποσό (ουδ.)	[posó]
Quanto?	Πόσο κάνει;	póso káni?
firma (f)	υπογραφή (θηλ.)	[ipoγrafí]
firmare (vt)	υπογράφω	[ipoγráfo]
carta (f) di credito	πιστωτική κάρτα (θηλ.)	[pistotikí kárta]
codice (m)	κωδικός (αρ.)	[koðikós]
numero (m) della carta	αριθμός πιστωτικής	[ariθmós pistotikís
di credito	κάρτας (αρ.)	kártas]
bancomat (m)	ATM (ουδ.)	[eitiém]
assegno (m)	επιταγή (θηλ.)	[epitaɟí]
emettere un assegno	κόβω επιταγή	[kóvo epitaɟí]
libretto (m) di assegni	βιβλιάριο επιταγών (ουδ.)	[vivliário epitaɟón]
prestito (m)	δάνειο (ουδ.)	[ðánio]
fare domanda	υποβάλλω αίτηση	[ipovállⁱo étisi
per un prestito	για δάνειο	ɟa ðánio]
ottenere un prestito	παίρνω δάνειο	[pérno ðánio]
concedere un prestito	παρέχω δάνειο	[paréxo ðánio]

44. Telefono. Conversazione telefonica

telefono (m)	**τηλέφωνο** (ουδ.)	[tiléfono]
telefonino (m)	**κινητό τηλέφωνο** (ουδ.)	[kinitó tiléfono]
segreteria (f) telefonica	**τηλεφωνητής** (αρ.)	[tilefonitís]
telefonare (vi, vt)	**τηλεφωνώ**	[tilefonó]
chiamata (f)	**κλήση** (θηλ.)	[klísi]
comporre un numero	**καλώ έναν αριθμό**	[kalʲó énan ariθmó]
Pronto!	**Εμπρός!**	[embrós]
chiedere (domandare)	**ρωτάω**	[rotáo]
rispondere (vi, vt)	**απαντώ**	[apandó]
udire (vt)	**ακούω**	[akúo]
bene	**καλά**	[kalʲá]
male	**χάλια**	[xália]
disturbi (m pl)	**παρεμβολές** (θηλ.πλ.)	[paremvolés]
cornetta (f)	**ακουστικό** (ουδ.)	[akustikó]
alzare la cornetta	**σηκώνω το ακουστικό**	[sikóno to akustikó]
riattaccare la cornetta	**κλείνω το τηλεφώνο**	[klíno to tiléfono]
occupato (agg)	**κατειλημμένος**	[katiliménos]
squillare (del telefono)	**χτυπάω**	[xtipáo]
elenco (m) telefonico	**τηλεφωνικός κατάλογος** (αρ.)	[tilefonikós katálʲoɣos]
locale (agg)	**τοπική**	[topikí]
interurbano (agg)	**υπεραστική**	[iperastikí]
internazionale (agg)	**διεθνής**	[ðieθnís]

45. Telefono cellulare

telefonino (m)	**κινητό τηλέφωνο** (ουδ.)	[kinitó tiléfono]
schermo (m)	**οθόνη** (θηλ.)	[oθóni]
tasto (m)	**κουμπί** (ουδ.)	[kumbí]
scheda SIM (f)	**κάρτα SIM** (θηλ.)	[kárta sim]
pila (f)	**μπαταρία** (θηλ.)	[bataría]
essere scarico	**εξαντλούμαι**	[eksantlʲúme]
caricabatteria (m)	**φορτιστής** (αρ.)	[fortistís]
menù (m)	**μενού** (ουδ.)	[menú]
impostazioni (f pl)	**ρυθμίσεις** (θηλ.πλ.)	[riθmísis]
melodia (f)	**μελωδία** (θηλ.)	[melʲoðía]
scegliere (vt)	**επιλέγω**	[epiléɣo]
calcolatrice (f)	**αριθμομηχανή** (θηλ.)	[ariθmomixaní]
segreteria (f) telefonica	**τηλεφωνητής** (αρ.)	[tilefonitís]

sveglia (f)	**ξυπνητήρι** (ουδ.)	[ksipnitíri]
contatti (m pl)	**επαφές** (θηλ.πλ.)	[epafés]
messaggio (m) SMS	**μήνυμα SMS** (ουδ.)	[mínima esemés]
abbonato (m)	**συνδρομητής** (αρ.)	[sinðromitís]

46. Articoli di cancelleria

penna (f) a sfera	**στιλό διαρκείας** (ουδ.)	[stilʲó ðiarkías]
penna (f) stilografica	**πέννα** (θηλ.)	[péna]
matita (f)	**μολύβι** (ουδ.)	[molívi]
evidenziatore (m)	**μαρκαδόρος** (αρ.)	[markaðóros]
pennarello (m)	**μαρκαδόρος** (αρ.)	[markaðóros]
taccuino (m)	**μπλοκ** (ουδ.)	[blʲok]
agenda (f)	**ατζέντα** (θηλ.)	[adzénda]
righello (m)	**χάρακας** (αρ.)	[xárakas]
calcolatrice (f)	**αριθμομηχανή** (θηλ.)	[ariθmomixaní]
gomma (f) per cancellare	**γόμα** (θηλ.)	[ɣóma]
puntina (f)	**πινέζα** (θηλ.)	[pinéza]
graffetta (f)	**συνδετήρας** (αρ.)	[sinðetíras]
colla (f)	**κόλλα** (θηλ.)	[kólʲa]
pinzatrice (f)	**συρραπτικό** (ουδ.)	[siraptikó]
perforatrice (f)	**περφορατέρ** (ουδ.)	[perforatér]
temperamatite (m)	**ξύστρα** (θηλ.)	[ksístra]

47. Lingue straniere

lingua (f)	**γλώσσα** (θηλ.)	[ɣlʲósa]
lingua (f) straniera	**ξένη γλώσσα** (θηλ.)	[kséni ɣlósa]
studiare (vt)	**μελετάω**	[meletáo]
imparare (una lingua)	**μαθαίνω**	[maθéno]
leggere (vi, vt)	**διαβάζω**	[ðiavázo]
parlare (vi, vt)	**μιλάω**	[milʲáo]
capire (vt)	**καταλαβαίνω**	[katalʲavéno]
scrivere (vi, vt)	**γράφω**	[ɣráfo]
rapidamente	**γρήγορα**	[ɣríɣora]
lentamente	**αργά**	[arɣá]
correntemente	**ευφράδεια**	[effráðia]
regole (f pl)	**κανόνες** (αρ.πλ.)	[kanónes]
grammatica (f)	**γραμματική** (θηλ.)	[ɣramatikí]
lessico (m)	**λεξιλόγιο** (ουδ.)	[leksilʲójo]

fonetica (f)	**φωνητική** (θηλ.)	[fonitikí]
manuale (m)	**σχολικό βιβλίο** (ουδ.)	[sxolikó vivlío]
dizionario (m)	**λεξικό** (ουδ.)	[leksikó]
manuale (m) autodidattico	**εγχειρίδιο αυτοδιδασκαλίας** (ουδ.)	[enxiríðio aftoðiðaskalías]
frasario (m)	**βιβλίο φράσεων** (ουδ.)	[vivlío fráseon]
cassetta (f)	**κασέτα** (θηλ.)	[kaséta]
videocassetta (f)	**βιντεοκασέτα** (θηλ.)	[videokaséta]
CD (m)	**συμπαγής δίσκος** (αρ.)	[simpajís ðískos]
DVD (m)	**DVD** (ουδ.)	[dividí]
alfabeto (m)	**αλφάβητος** (θηλ.)	[alʲfávitos]
pronuncia (f)	**προφορά** (θηλ.)	[proforá]
accento (m)	**προφορά** (θηλ.)	[proforá]
con un accento	**με προφορά**	[me proforá]
senza accento	**χωρίς προφορά**	[xorís proforá]
vocabolo (m)	**λέξη** (θηλ.)	[léksi]
significato (m)	**σημασία** (θηλ.)	[simasía]
corso (m) (~ di francese)	**μαθήματα** (ουδ.πλ.)	[maθímata]
iscriversi (vr)	**γράφομαι**	[ɣráfome]
insegnante (m, f)	**καθηγητής** (αρ.)	[kaθijitís]
traduzione (f) (fare una ~)	**μετάφραση** (θηλ.)	[metáfrasi]
traduzione (f) (un testo)	**μετάφραση** (θηλ.)	[metáfrasi]
traduttore (m)	**μεταφραστής** (αρ.)	[metafrastís]
interprete (m)	**διερμηνέας** (αρ.)	[ðierminéas]
poliglotta (m)	**πολύγλωσσος** (αρ.)	[políɣlʲosos]
memoria (f)	**μνήμη** (θηλ.)	[mními]

PASTI. RISTORANTE

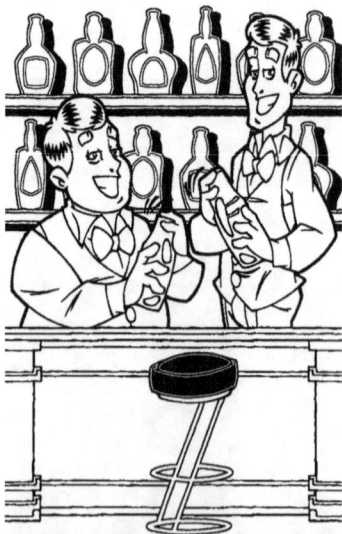

48. Preparazione della tavola

cucchiaio (m)	**κουτάλι** (ουδ.)	[kutáli]
coltello (m)	**μαχαίρι** (ουδ.)	[maxéri]
forchetta (f)	**πιρούνι** (ουδ.)	[pirúni]
tazza (f)	**φλιτζάνι** (ουδ.)	[flidzáni]
piatto (m)	**πιάτο** (ουδ.)	[piáto]
piattino (m)	**πιατάκι** (ουδ.)	[piatáki]
tovagliolo (m)	**χαρτοπετσέτα** (θηλ.)	[xartopetséta]
stuzzicadenti (m)	**οδοντογλυφίδα** (θηλ.)	[oðondoɣlifíða]

49. Ristorante

ristorante (m)	**εστιατόριο** (ουδ.)	[estiatório]
caffè (m)	**καφετέρια** (θηλ.)	[kafetéria]
pub (m), bar (m)	**μπαρ** (ουδ.), **μπυραρία** (θηλ.)	[bar], [biraría]
sala (f) da tè	**τσαγερί** (θηλ.)	[tsaʝerí]
cameriere (m)	**σερβιτόρος** (αρ.)	[servitóros]
cameriera (f)	**σερβιτόρα** (θηλ.)	[servitóra]
barista (m)	**μπάρμαν** (αρ.)	[bárman]
menù (m)	**κατάλογος** (αρ.)	[katálʲoɣos]
lista (f) dei vini	**κατάλογος κρασιών** (αρ.)	[katálʲoɣos krasión]
prenotare un tavolo	**κλείνω τραπέζι**	[klíno trapézi]
piatto (m)	**πιάτο** (ουδ.)	[piáto]
ordinare (~ il pranzo)	**παραγγέλνω**	[parangélʲno]
fare un'ordinazione	**κάνω παραγγελία**	[káno parangelía]
aperitivo (m)	**απεριτίφ** (ουδ.)	[aperitíf]
antipasto (m)	**ορεκτικό** (ουδ.)	[orektikó]
dolce (m)	**επιδόρπιο** (ουδ.)	[epiðórpio]
conto (m)	**λογαριασμός** (αρ.)	[lʲoɣariazmós]
pagare il conto	**πληρώνω λογαριασμό**	[pliróno lʲoɣariazmó]
dare il resto	**δίνω τα ρέστα**	[ðíno ta résta]
mancia (f)	**πουρμπουάρ** (ουδ.)	[purbuár]

50. Pasti

cibo (m)	τροφή (θηλ.), φαγητό (ουδ.)	[trofí], [fajitó]
mangiare (vi, vt)	τρώω	[tróo]

colazione (f)	πρωινό (ουδ.)	[proinó]
fare colazione	παίρνω πρωινό	[pérno proinó]
pranzo (m)	μεσημεριανό (ουδ.)	[mesimerianó]
pranzare (vi)	τρώω μεσημεριανό	[tróo mesimerianó]
cena (f)	δείπνο (ουδ.)	[ðípno]
cenare (vi)	τρώω βραδινό	[tróo vraðinó]

appetito (m)	όρεξη (θηλ.)	[óreksi]
Buon appetito!	Καλή όρεξη!	[kalí óreksi]

aprire (vt)	ανοίγω	[aníɣo]
rovesciare (~ il vino, ecc.)	χύνω	[xíno]
rovesciarsi (vr)	χύνομαι	[xínome]

bollire (vi)	βράζω	[vrázo]
far bollire	βράζω	[vrázo]
bollito (agg)	βρασμένος	[vrazménos]
raffreddare (vt)	κρυώνω	[krióno]
raffreddarsi (vr)	κρυώνω	[krióno]

gusto (m)	γεύση (θηλ.)	[jéfsi]
retrogusto (m)	επίγευση (θηλ.)	[epíjefsi]

essere a dieta	αδυνατίζω	[aðinatízo]
dieta (f)	δίαιτα (θηλ.)	[ðíeta]
vitamina (f)	βιταμίνη (θηλ.)	[vitamíni]
caloria (f)	θερμίδα (θηλ.)	[θermíða]
vegetariano (m)	χορτοφάγος (αρ.)	[xortofáɣos]
vegetariano (agg)	χορτοφάγος	[xortofáɣos]

grassi (m pl)	λίπη (ουδ.πλ.)	[lípi]
proteine (f pl)	πρωτεΐνες (θηλ.πλ.)	[proteínes]
carboidrati (m pl)	υδατάνθρακες (αρ.πλ.)	[iðatánθrakes]
fetta (f), fettina (f)	φέτα (θηλ.)	[féta]
pezzo (m) (~ di torta)	κομμάτι (ουδ.)	[komáti]
briciola (f) (~ di pane)	ψίχουλο (ουδ.)	[psíxulʲo]

51. Pietanze cucinate

piatto (m) (~ principale)	πιάτο (ουδ.)	[piáto]
cucina (f)	κουζίνα (θηλ.)	[kuzína]
ricetta (f)	συνταγή (θηλ.)	[sindají]
porzione (f)	μερίδα (θηλ.)	[meríða]
insalata (f)	σαλάτα (θηλ.)	[salʲáta]

minestra (f)	σούπα (θηλ.)	[súpa]
brodo (m)	ζωμός (αρ.)	[zomós]
panino (m)	σάντουιτς (ουδ.)	[sánduits]
uova (f pl) al tegamino	τηγανητά αυγά (ουδ.πλ.)	[tiɣanitá avɣá]

| hamburger (m) | χάμπουργκερ (ουδ.) | [xámburger] |
| bistecca (f) | μπριζόλα (θηλ.) | [brizólʲa] |

contorno (m)	συνοδευτικό πιάτο (ουδ.)	[sinoðeftikó piáto]
spaghetti (m pl)	σπαγγέτι (ουδ.)	[spagéti]
purè (m) di patate	πουρές (αρ.)	[purés]
pizza (f)	πίτσα (θηλ.)	[pítsa]
frittata (f)	ομελέτα (θηλ.)	[omeléta]

bollito (agg)	βραστός	[vrastós]
affumicato (agg)	καπνιστός	[kapnistós]
fritto (agg)	τηγανητός	[tiɣanitós]
secco (agg)	αποξηραμένος	[apoksiraménos]
congelato (agg)	κατεψυγμένος	[katepsiɣménos]
sottoaceto (agg)	τουρσί	[tursí]

dolce (gusto)	γλυκός	[ɣlikós]
salato (agg)	αλμυρός	[alʲmirós]
freddo (agg)	κρύος	[kríos]
caldo (agg)	ζεστός	[zestós]
amaro (agg)	πικρός	[pikrós]
buono, gustoso (agg)	νόστιμος	[nóstimos]

cuocere, preparare (vt)	βράζω	[vrázo]
cucinare (vi)	μαγειρεύω	[majirévo]
friggere (vt)	τηγανίζω	[tiɣanízo]
riscaldare (vt)	ζεσταίνω	[zesténo]

salare (vt)	αλατίζω	[alʲatízo]
pepare (vt)	πιπερώνω	[piperóno]
grattugiare (vt)	τρίβω	[trívo]
buccia (f)	φλούδα (θηλ.)	[flʲúða]
sbucciare (vt)	καθαρίζω	[kaθarízo]

52. Cibo

carne (f)	κρέας (ουδ.)	[kréas]
pollo (m)	κότα (θηλ.)	[kóta]
pollo (m) novello	κοτόπουλο (ουδ.)	[kotópulʲo]
anatra (f)	πάπια (θηλ.)	[pápia]
oca (f)	χήνα (θηλ.)	[xína]
cacciagione (f)	θήραμα (ουδ.)	[θírama]
tacchino (m)	γαλοπούλα (θηλ.)	[ɣalʲopúlʲa]
maiale (m)	χοιρινό κρέας (ουδ.)	[xirinó kréas]
vitello (m)	μοσχαρίσιο κρέας (ουδ.)	[mosxarísio kréas]

agnello (m)	**αρνήσιο κρέας** (ουδ.)	[arnísio kréas]
manzo (m)	**βοδινό κρέας** (ουδ.)	[voðinó kréas]
coniglio (m)	**κουνέλι** (ουδ.)	[kunéli]
salame (m)	**λουκάνικο** (ουδ.)	[lʲukániko]
w?rstel (m)	**λουκάνικο** (ουδ.)	[lʲukániko]
pancetta (f)	**μπέικον** (ουδ.)	[béjkon]
prosciutto (m)	**ζαμπόν** (ουδ.)	[zabón]
prosciutto (m) affumicato	**καπνιστό χοιρομέρι** (ουδ.)	[kapnistó xiroméri]
pâté (m)	**πατέ** (ουδ.)	[paté]
fegato (m)	**συκώτι** (ουδ.)	[sikóti]
carne (f) trita	**κιμάς** (αρ.)	[kimás]
lingua (f)	**γλώσσα** (θηλ.)	[ɣlʲósa]
uovo (m)	**αυγό** (ουδ.)	[avɣó]
uova (f pl)	**αυγά** (ουδ.πλ.)	[avɣá]
albume (m)	**ασπράδι** (ουδ.)	[aspráði]
tuorlo (m)	**κρόκος** (αρ.)	[krókos]
pesce (m)	**ψάρι** (ουδ.)	[psári]
frutti (m pl) di mare	**θαλασσινά** (θηλ.πλ.)	[θalʲasiná]
caviale (m)	**χαβιάρι** (ουδ.)	[xaviári]
granchio (m)	**καβούρι** (ουδ.)	[kavúri]
gamberetto (m)	**γαρίδα** (θηλ.)	[ɣaríða]
ostrica (f)	**στρείδι** (ουδ.)	[stríði]
aragosta (f)	**ακανθωτός αστακός** (αρ.)	[akanθotós astakós]
polpo (m)	**χταπόδι** (ουδ.)	[xtapóði]
calamaro (m)	**καλαμάρι** (ουδ.)	[kalʲamári]
storione (m)	**οξύρυγχος** (αρ.)	[oksírinxos]
salmone (m)	**σολομός** (αρ.)	[solʲomós]
ippoglosso (m)	**ιππόγλωσσος** (αρ.)	[ipóɣlʲosos]
merluzzo (m)	**μπακαλιάρος** (αρ.)	[bakaliáros]
scombro (m)	**σκουμπρί** (ουδ.)	[skumbrí]
tonno (m)	**τόνος** (αρ.)	[tónos]
anguilla (f)	**χέλι** (ουδ.)	[xéli]
trota (f)	**πέστροφα** (θηλ.)	[péstrofa]
sardina (f)	**σαρδέλα** (θηλ.)	[sarðélʲa]
luccio (m)	**λούτσος** (αρ.)	[lʲútsos]
aringa (f)	**ρέγγα** (θηλ.)	[rénga]
pane (m)	**ψωμί** (ουδ.)	[psomí]
formaggio (m)	**τυρί** (ουδ.)	[tirí]
zucchero (m)	**ζάχαρη** (θηλ.)	[záxari]
sale (m)	**αλάτι** (ουδ.)	[alʲáti]
riso (m)	**ρύζι** (ουδ.)	[rízi]
pasta (f)	**ζυμαρικά** (ουδ.πλ.)	[zimariká]

tagliatelle (f pl)	**νουντλς** (ουδ.πλ.)	[nudls]
burro (m)	**βούτυρο** (ουδ.)	[vútiro]
olio (m) vegetale	**φυτικό λάδι** (ουδ.)	[fitikó lʲáði]
olio (m) di girasole	**ηλιέλαιο** (ουδ.)	[iliéleo]
margarina (f)	**μαργαρίνη** (θηλ.)	[marɣaríni]
olive (f pl)	**ελιές** (θηλ.πλ.)	[eliés]
olio (m) d'oliva	**ελαιόλαδο** (ουδ.)	[eleólʲaðo]
latte (m)	**γάλα** (ουδ.)	[ɣálʲa]
latte (m) condensato	**συμπυκνωμένο γάλα** (ουδ.)	[simbiknoméno ɣálʲa]
yogurt (m)	**γιαούρτι** (ουδ.)	[ʝaúrti]
panna (f) acida	**ξινή κρέμα** (θηλ.)	[ksiní kréma]
panna (f)	**κρέμα γάλακτος** (θηλ.)	[kréma ɣálʲaktos]
maionese (m)	**μαγιονέζα** (θηλ.)	[maʝonéza]
crema (f)	**κρέμα** (θηλ.)	[kréma]
cereali (m pl)	**πλιγούρι** (ουδ.)	[pliɣúri]
farina (f)	**αλεύρι** (ουδ.)	[alévri]
cibi (m pl) in scatola	**κονσέρβες** (θηλ.πλ.)	[konsérves]
fiocchi (m pl) di mais	**κορν φλέικς** (ουδ.πλ.)	[kornfléjks]
miele (m)	**μέλι** (ουδ.)	[méli]
marmellata (f)	**μαρμελάδα** (θηλ.)	[marmelʲáða]
gomma (f) da masticare	**τσίχλα** (θηλ.)	[tsíxlʲa]

53. Bevande

acqua (f)	**νερό** (ουδ.)	[neró]
acqua (f) potabile	**πόσιμο νερό** (ουδ.)	[pósimo neró]
acqua (f) minerale	**μεταλλικό νερό** (ουδ.)	[metalikó neró]
liscia (non gassata)	**χωρίς ανθρακικό**	[xorís anθrakikó]
gassata (agg)	**ανθρακούχος**	[anθrakúxos]
frizzante (agg)	**ανθρακούχο**	[anθrakúxo]
ghiaccio (m)	**πάγος** (αρ.)	[páɣos]
con ghiaccio	**με πάγο**	[me páɣo]
analcolico (agg)	**χωρίς αλκοόλ**	[xorís alʲkoólʲ]
bevanda (f) analcolica	**αναψυκτικό** (ουδ.)	[anapsiktikó]
bibita (f)	**αναψυκτικό** (ουδ.)	[anapsiktikó]
limonata (f)	**λεμονάδα** (θηλ.)	[lemonáða]
bevande (f pl) alcoliche	**αλκοολούχα ποτά** (ουδ.πλ.)	[alʲkoolʲúxa potá]
vino (m)	**κρασί** (ουδ.)	[krasí]
vino (m) bianco	**λευκό κρασί** (ουδ.)	[lefkó krasí]
vino (m) rosso	**κόκκινο κρασί** (ουδ.)	[kókino krasí]
liquore (m)	**λικέρ** (ουδ.)	[likér]

| champagne (m) | σαμπάνια (θηλ.) | [sambánia] |
| vermouth (m) | βερμούτ (ουδ.) | [vermút] |

whisky	ουίσκι (ουδ.)	[wíski]
vodka (f)	βότκα (θηλ.)	[vótka]
gin (m)	τζιν (ουδ.)	[dzin]
cognac (m)	κονιάκ (ουδ.)	[konják]
rum (m)	ρούμι (ουδ.)	[rúmi]

caffè (m)	καφές (αρ.)	[kafés]
caffè (m) nero	σκέτος καφές (αρ.)	[skétos kafés]
caffè latte (m)	καφές με γάλα (αρ.)	[kafés me ɣálʲa]
cappuccino (m)	καπουτσίνο (αρ.)	[kaputsíno]
caffè (m) solubile	στιγμιαίος καφές (αρ.)	[stiɣmiéos kafes]

latte (m)	γάλα (ουδ.)	[ɣálʲa]
cocktail (m)	κοκτέιλ (ουδ.)	[koktéjlʲ]
frullato (m)	μιλκσέικ (ουδ.)	[milʲkséjk]

succo (m)	χυμός (αρ.)	[ximós]
succo (m) di pomodoro	χυμός ντομάτας (αρ.)	[ximós domátas]
succo (m) d'arancia	χυμός πορτοκαλιού (αρ.)	[ximós portokaliú]
spremuta (f)	φρέσκος χυμός (αρ.)	[fréskos ximós]

birra (f)	μπύρα (θηλ.)	[bíra]
birra (f) chiara	ανοιχτόχρωμη μπύρα (θηλ.)	[anixtóxromi bíra]
birra (f) scura	σκούρα μπύρα (θηλ.)	[skúra bíra]

tè (m)	τσάι (ουδ.)	[tsáj]
tè (m) nero	μαύρο τσάι (ουδ.)	[mávro tsaj]
tè (m) verde	πράσινο τσάι (ουδ.)	[prásino tsaj]

54. Verdure

| ortaggi (m pl) | λαχανικά (ουδ.πλ.) | [lʲaxaniká] |
| verdura (f) | χόρτα (ουδ.) | [xórta] |

pomodoro (m)	ντομάτα (θηλ.)	[domáta]
cetriolo (m)	αγγούρι (ουδ.)	[angúri]
carota (f)	καρότο (ουδ.)	[karóto]
patata (f)	πατάτα (θηλ.)	[patáta]
cipolla (f)	κρεμμύδι (ουδ.)	[kremíði]
aglio (m)	σκόρδο (ουδ.)	[skórðo]

cavolo (m)	λάχανο (ουδ.)	[lʲáxano]
cavolfiore (m)	κουνουπίδι (ουδ.)	[kunupíði]
cavoletti (m pl) di Bruxelles	λαχανάκι Βρυξελλών (ουδ.)	[lʲaxanáki vrikselʲón]
broccolo (m)	μπρόκολο (ουδ.)	[brókolʲo]

barbabietola (f)	**παντζάρι** (ουδ.)	[pandzári]
melanzana (f)	**μελιτζάνα** (θηλ.)	[melidzána]
zucchina (f)	**κολοκύθι** (ουδ.)	[kolʲokíθi]
zucca (f)	**κολοκύθα** (θηλ.)	[kolʲokíθa]
rapa (f)	**γογγύλι** (ουδ.), **ρέβα** (θηλ.)	[ɣongíli], [réva]

prezzemolo (m)	**μαϊντανός** (αρ.)	[majdanós]
aneto (m)	**άνηθος** (αρ.)	[ániθos]
lattuga (f)	**μαρούλι** (ουδ.)	[marúli]
sedano (m)	**σέλινο** (ουδ.)	[sélino]
asparago (m)	**σπαράγγι** (ουδ.)	[sparángi]
spinaci (m pl)	**σπανάκι** (ουδ.)	[spanáki]

pisello (m)	**αρακάς** (αρ.)	[arakás]
fave (f pl)	**κουκί** (ουδ.)	[kukí]
mais (m)	**καλαμπόκι** (ουδ.)	[kalʲambóki]
fagiolo (m)	**κόκκινο φασόλι** (ουδ.)	[kókino fasóli]

peperone (m)	**πιπεριά** (θηλ.)	[piperiá]
ravanello (m)	**ρεπανάκι** (ουδ.)	[repanáki]
carciofo (m)	**αγκινάρα** (θηλ.)	[anginára]

55. Frutta. Noci

frutto (m)	**φρούτο** (ουδ.)	[frúto]
mela (f)	**μήλο** (ουδ.)	[mílʲo]
pera (f)	**αχλάδι** (ουδ.)	[axlʲáði]
limone (m)	**λεμόνι** (ουδ.)	[lemóni]
arancia (f)	**πορτοκάλι** (ουδ.)	[portokáli]
fragola (f)	**φράουλα** (θηλ.)	[fráulʲa]

mandarino (m)	**μανταρίνι** (ουδ.)	[mandaríni]
prugna (f)	**δαμάσκηνο** (ουδ.)	[ðamáskino]
pesca (f)	**ροδάκινο** (ουδ.)	[roðákino]
albicocca (f)	**βερίκοκο** (ουδ.)	[veríkoko]
lampone (m)	**σμέουρο** (ουδ.)	[zméuro]
ananas (m)	**ανανάς** (αρ.)	[ananás]

banana (f)	**μπανάνα** (θηλ.)	[banána]
anguria (f)	**καρπούζι** (ουδ.)	[karpúzi]
uva (f)	**σταφύλι** (ουδ.)	[stafíli]
amarena (f)	**βύσσινο** (ουδ.)	[vísino]
ciliegia (f)	**κεράσι** (ουδ.)	[kerási]
melone (m)	**πεπόνι** (ουδ.)	[pepóni]

pompelmo (m)	**γκρέιπφρουτ** (ουδ.)	[gréjpfrut]
avocado (m)	**αβοκάντο** (ουδ.)	[avokádo]
papaia (f)	**παπάγια** (θηλ.)	[papája]
mango (m)	**μάγκο** (ουδ.)	[mángo]
melagrana (f)	**ρόδι** (ουδ.)	[róði]

ribes (m) rosso	**κόκκινο φραγκοστάφυλο** (ουδ.)	[kókino frangostáfilʲo]
ribes (m) nero	**μαύρο φραγκοστάφυλο** (ουδ.)	[mávro frangostáfilʲo]
uva (f) spina	**λαγοκέρασο** (ουδ.)	[lʲaɣokéraso]
mirtillo (m)	**μύρτιλλο** (ουδ.)	[mírtilʲo]
mora (f)	**βατόμουρο** (ουδ.)	[vatómuro]
uvetta (f)	**σταφίδα** (θηλ.)	[stafíða]
fico (m)	**σύκο** (ουδ.)	[síko]
dattero (m)	**χουρμάς** (αρ.)	[xurmás]
arachide (f)	**φυστίκι** (ουδ.)	[fistíki]
mandorla (f)	**αμύγδαλο** (ουδ.)	[amíɣðalʲo]
noce (f)	**καρύδι** (ουδ.)	[karíði]
nocciola (f)	**φουντούκι** (ουδ.)	[fundúki]
noce (f) di cocco	**καρύδα** (θηλ.)	[karíða]
pistacchi (m pl)	**φυστίκια** (ουδ.πλ.)	[fistíkia]

56. Pane. Dolci

pasticceria (f)	**ζαχαροπλαστική** (θηλ.)	[zaxaroplʲastikí]
pane (m)	**ψωμί** (ουδ.)	[psomí]
biscotti (m pl)	**μπισκότο** (ουδ.)	[biskóto]
cioccolato (m)	**σοκολάτα** (θηλ.)	[sokolʲáta]
al cioccolato (agg)	**σοκολατένιος**	[sokolʲaténios]
caramella (f)	**καραμέλα** (θηλ.)	[karamélʲa]
tortina (f)	**κέικ** (ουδ.)	[kéjk]
torta (f)	**τούρτα** (θηλ.)	[túrta]
crostata (f)	**πίτα** (θηλ.)	[píta]
ripieno (m)	**γέμιση** (θηλ.)	[ȷémisi]
marmellata (f)	**μαρμελάδα** (θηλ.)	[marmelʲáða]
marmellata (f) di agrumi	**μαρμελάδα** (θηλ.)	[marmelʲáða]
wafer (m)	**γκοφρέτες** (θηλ.πλ.)	[gofrétes]
gelato (m)	**παγωτό** (ουδ.)	[paɣotó]

57. Spezie

sale (m)	**αλάτι** (ουδ.)	[alʲáti]
salato (agg)	**αλμυρός**	[alʲmirós]
salare (vt)	**αλατίζω**	[alʲatízo]
pepe (m) nero	**μαύρο πιπέρι** (ουδ.)	[mávro pipéri]
peperoncino (m)	**κόκκινο πιπέρι** (ουδ.)	[kókino pipéri]
senape (f)	**μουστάρδα** (θηλ.)	[mustárða]

cren (m)	**χρένο** (ουδ.)	[xréno]
condimento (m)	**μπαχαρικό** (ουδ.)	[baxarikó]
spezie (f pl)	**καρύκευμα** (ουδ.)	[karíkevma]
salsa (f)	**σάλτσα** (θηλ.)	[sálʲtsa]
aceto (m)	**ξίδι** (ουδ.)	[ksíði]
anice (m)	**γλυκάνισος** (αρ.)	[ɣlikánisos]
basilico (m)	**βασιλικός** (αρ.)	[vasilikós]
chiodi (m pl) di garofano	**γαρίφαλο** (ουδ.)	[ɣarífalʲo]
zenzero (m)	**πιπερόριζα** (θηλ.)	[piperóriza]
coriandolo (m)	**κόλιανδρος** (αρ.)	[kólianðros]
cannella (f)	**κανέλα** (θηλ.)	[kanélʲa]
sesamo (m)	**σουσάμι** (ουδ.)	[susámi]
alloro (m)	**φύλλο δάφνης** (ουδ.)	[fílʲo ðáfnis]
paprica (f)	**πάπρικα** (θηλ.)	[páprika]
cumino (m)	**κύμινο** (ουδ.)	[kímino]
zafferano (m)	**σαφράν** (ουδ.)	[safrán]

BOOKS

INFORMAZIONI PERSONALI. FAMIGLIA

T&P Books Publishing

58. Informazioni personali. Moduli

nome (m)	**όνομα** (ουδ.)	[ónoma]
cognome (m)	**επώνυμο** (ουδ.)	[epónimo]
data (f) di nascita	**ημερομηνία γέννησης** (θηλ.)	[imerominía jénisis]
luogo (m) di nascita	**τόπος γέννησης** (αρ.)	[tópos jénisis]
nazionalità (f)	**εθνικότητα** (θηλ.)	[eθnikótita]
domicilio (m)	**τόπος διαμονής** (αρ.)	[tópos ðiamonís]
paese (m)	**χώρα** (θηλ.)	[xóra]
professione (f)	**επάγγελμα** (ουδ.)	[epángelʲma]
sesso (m)	**φύλο** (ουδ.)	[fílʲo]
statura (f)	**ύψος, μπόι** (ουδ.)	[ípsos], [bói]
peso (m)	**βάρος** (ουδ.)	[város]

59. Membri della famiglia. Parenti

madre (f)	**μητέρα** (θηλ.)	[mitéra]
padre (m)	**πατέρας** (αρ.)	[patéras]
figlio (m)	**γιός** (αρ.)	[jos]
figlia (f)	**κόρη** (θηλ.)	[kóri]
figlia (f) minore	**μικρότερη κόρη** (ουδ.)	[mikróteri kóri]
figlio (m) minore	**μικρότερος γιός** (αρ.)	[mikróteros jos]
figlia (f) maggiore	**μεγαλύτερη κόρη** (θηλ.)	[meɣalíteri kóri]
figlio (m) maggiore	**μεγαλύτερος γιός** (αρ.)	[meɣalíteros jiós]
fratello (m)	**αδερφός** (αρ.)	[aðerfós]
sorella (f)	**αδερφή** (θηλ.)	[aðerfí]
cugino (m)	**ξάδερφος** (αρ.)	[ksáðerfos]
cugina (f)	**ξαδέρφη** (θηλ.)	[ksaðérfi]
mamma (f)	**μαμά** (θηλ.)	[mamá]
papà (m)	**μπαμπάς** (αρ.)	[babás]
genitori (m pl)	**γονείς** (αρ.πλ.)	[ɣonís]
bambino (m)	**παιδί** (ουδ.)	[peðí]
bambini (m pl)	**παιδιά** (ουδ.πλ.)	[peðiá]
nonna (f)	**γιαγιά** (θηλ.)	[jajá]
nonno (m)	**παππούς** (αρ.)	[papús]
nipote (m) (figlio di un figlio)	**εγγονός** (αρ.)	[engonós]
nipote (f)	**εγγονή** (θηλ.)	[engoní]

nipoti (pl)	**εγγόνια** (ουδ.πλ.)	[engónia]
zio (m)	**θείος** (αρ.)	[θíos]
zia (f)	**θεία** (θηλ.)	[θía]
nipote (m) (figlio di un fratello)	**ανιψιός** (αρ.)	[anipsiós]
nipote (f)	**ανιψιά** (θηλ.)	[anipsiá]
suocera (f)	**πεθερά** (θηλ.)	[peθerá]
suocero (m)	**πεθερός** (αρ.)	[peθerós]
genero (m)	**γαμπρός** (αρ.)	[ɣambrós]
matrigna (f)	**μητριά** (θηλ.)	[mitriá]
patrigno (m)	**πατριός** (αρ.)	[patriós]
neonato (m)	**βρέφος** (ουδ.)	[vréfos]
infante (m)	**βρέφος** (ουδ.)	[vréfos]
bimbo (m), ragazzino (m)	**νήπιο** (ουδ.)	[nípio]
moglie (f)	**γυναίκα** (θηλ.)	[jinéka]
marito (m)	**άνδρας** (αρ.)	[ánðras]
coniuge (m)	**σύζυγος** (αρ.)	[síziɣos]
coniuge (f)	**σύζυγος** (θηλ.)	[síziɣos]
sposato (agg)	**παντρεμένος**	[pandreménos]
sposata (agg)	**παντρεμένη**	[pandreméni]
celibe (agg)	**ανύπαντρος**	[anípandros]
scapolo (m)	**εργένης** (αρ.)	[erjénis]
divorziato (agg)	**χωρισμένος**	[xorizménos]
vedova (f)	**χήρα** (θηλ.)	[xíra]
vedovo (m)	**χήρος** (αρ.)	[xíros]
parente (m)	**συγγενής** (αρ.)	[singenís]
parente (m) stretto	**κοντινός συγγενής** (αρ.)	[kondinós singenís]
parente (m) lontano	**μακρινός συγγενής** (αρ.)	[makrinós singenís]
parenti (m pl)	**συγγενείς** (αρ.πλ.)	[singenís]
orfano (m), orfana (f)	**ορφανό** (ουδ.)	[orfanó]
tutore (m)	**κηδεμόνας** (αρ.)	[kiðemónas]
adottare (~ un bambino)	**υιοθετώ**	[ioθetó]
adottare (~ una bambina)	**υιοθετώ**	[ioθetó]

60. Amici. Colleghi

amico (m)	**φίλος** (αρ.)	[fílʲos]
amica (f)	**φίλη** (θηλ.)	[fíli]
amicizia (f)	**φιλία** (θηλ.)	[filía]
essere amici	**κάνω φιλία**	[káno filía]
amico (m) (inform.)	**φίλος** (αρ.)	[fílʲos]
amica (f) (inform.)	**φιλενάδα** (θηλ.)	[filenáða]
partner (m)	**συνέταιρος** (αρ.)	[sinéteros]

capo (m)	**αφεντικό** (ουδ.)	[afendikó]
capo (m), superiore (m)	**προϊστάμενος** (αρ.)	[projstámenos]
subordinato (m)	**υφιστάμενος** (αρ.)	[ifistámenos]
collega (m)	**συνεργάτης** (αρ.)	[sinerɣátis]
conoscente (m)	**γνωστός** (αρ.)	[ɣnostós]
compagno (m) di viaggio	**συνταξιδιώτης** (αρ.)	[sindaksiðiótis]
compagno (m) di classe	**συμμαθητής** (αρ.)	[simaθitís]
vicino (m)	**γείτονας** (αρ.)	[ʝítonas]
vicina (f)	**γειτόνισσα** (θηλ.)	[ʝitónisa]
vicini (m pl)	**γείτονες** (αρ.πλ.)	[ʝítones]

CORPO UMANO. MEDICINALI

T&P Books Publishing

61. Testa

testa (f)	**κεφάλι** (ουδ.)	[kefáli]
viso (m)	**πρόσωπο** (ουδ.)	[prósopo]
naso (m)	**μύτη** (θηλ.)	[míti]
bocca (f)	**στόμα** (ουδ.)	[stóma]
occhio (m)	**μάτι** (ουδ.)	[máti]
occhi (m pl)	**μάτια** (ουδ.πλ.)	[mátia]
pupilla (f)	**κόρη** (θηλ.)	[kóri]
sopracciglio (m)	**φρύδι** (ουδ.)	[fríði]
ciglio (m)	**βλεφαρίδα** (θηλ.)	[vlefaríða]
palpebra (f)	**βλέφαρο** (ουδ.)	[vléfaro]
lingua (f)	**γλώσσα** (θηλ.)	[ɣlʲósa]
dente (m)	**δόντι** (ουδ.)	[ðóndi]
labbra (f pl)	**χείλη** (ουδ.πλ.)	[xíli]
zigomi (m pl)	**ζυγωματικά** (ουδ.πλ.)	[ziɣomatiká]
gengiva (f)	**ούλο** (ουδ.)	[úlʲo]
palato (m)	**ουρανίσκος** (αρ.)	[uranískos]
narici (f pl)	**ρουθούνια** (ουδ.πλ.)	[ruθúnia]
mento (m)	**πηγούνι** (ουδ.)	[piɣúni]
mascella (f)	**σαγόνι** (ουδ.)	[saɣóni]
guancia (f)	**μάγουλο** (ουδ.)	[máɣulʲo]
fronte (f)	**μέτωπο** (ουδ.)	[métopo]
tempia (f)	**κρόταφος** (αρ.)	[krótafos]
orecchio (m)	**αυτί** (ουδ.)	[aftí]
nuca (f)	**πίσω μέρος του κεφαλιού** (ουδ.)	[píso méros tu kefaliú]
collo (m)	**αυχένας , σβέρκος** (αρ.)	[afxénas], [svérkos]
gola (f)	**λαιμός** (αρ.)	[lemós]
capelli (m pl)	**μαλλιά** (ουδ.πλ.)	[maliá]
pettinatura (f)	**χτένισμα** (ουδ.)	[xténizma]
taglio (m)	**κούρεμα** (ουδ.)	[kúrema]
parrucca (f)	**περούκα** (θηλ.)	[perúka]
baffi (m pl)	**μουστάκι** (ουδ.)	[mustáki]
barba (f)	**μούσι** (ουδ.)	[músi]
portare (~ la barba, ecc.)	**φορώ**	[foró]
treccia (f)	**κοτσίδα** (θηλ.)	[kotsíða]
basette (f pl)	**φαβορίτες** (θηλ.πλ.)	[favorítes]
rosso (agg)	**κοκκινομάλλης**	[kokinomális]
brizzolato (agg)	**γκρίζος**	[grízos]

calvo (agg)	**φαλακρός**	[falʲakrós]
calvizie (f)	**φαλάκρα** (θηλ.)	[falʲákra]
coda (f) di cavallo	**αλογοουρά** (θηλ.)	[alʲoɣourá]
frangetta (f)	**φράντζα** (θηλ.)	[frándza]

62. Corpo umano

mano (f)	**χέρι** (ουδ.)	[xéri]
braccio (m)	**χέρι** (ουδ.)	[xéri]
dito (m)	**δάχτυλο** (ουδ.)	[ðáxtilʲo]
pollice (m)	**αντίχειρας** (αρ.)	[andíxiras]
mignolo (m)	**μικρό δάχτυλο** (ουδ.)	[mikró ðáxtilʲo]
unghia (f)	**νύχι** (ουδ.)	[níxi]
pugno (m)	**γροθιά** (θηλ.)	[ɣroθxá]
palmo (m)	**παλάμη** (θηλ.)	[palʲámi]
polso (m)	**καρπός** (αρ.)	[karpós]
avambraccio (m)	**πήχης** (αρ.)	[píxis]
gomito (m)	**αγκώνας** (αρ.)	[angónas]
spalla (f)	**ώμος** (αρ.)	[ómos]
gamba (f)	**πόδι** (ουδ.)	[póði]
pianta (f) del piede	**πόδι** (ουδ.)	[póði]
ginocchio (m)	**γόνατο** (ουδ.)	[ɣónato]
polpaccio (m)	**γάμπα** (θηλ.)	[ɣámba]
anca (f)	**γοφός** (αρ.)	[ɣofós]
tallone (m)	**φτέρνα** (θηλ.)	[ftérna]
corpo (m)	**σώμα** (ουδ.)	[sóma]
pancia (f)	**κοιλιά** (θηλ.)	[kiliá]
petto (m)	**στήθος** (ουδ.)	[stíθos]
seno (m)	**στήθος** (ουδ.)	[stíθos]
fianco (m)	**λαγόνα** (θηλ.)	[lʲaɣóna]
schiena (f)	**πλάτη** (θηλ.)	[plʲáti]
zona (f) lombare	**οσφυική χώρα** (θηλ.)	[osfikí xóra]
vita (f)	**οσφύς** (θηλ.)	[osfís]
ombelico (m)	**ομφαλός** (αρ.)	[omfalʲós]
natiche (f pl)	**οπίσθια** (ουδ.πλ.)	[opísθxa]
sedere (m)	**πισινός** (αρ.)	[pisinós]
neo (m)	**ελιά** (θηλ.)	[eliá]
voglia (f) (~ di fragola)	**σημάδι εκ γενετής** (ουδ.)	[simáði ek jenetís]
tatuaggio (m)	**τατουάζ** (ουδ.)	[tatuáz]
cicatrice (f)	**ουλή** (θηλ.)	[ulí]

63. Malattie

malattia (f)	αρρώστια (θηλ.)	[aróstia]
essere malato	είμαι άρρωστος	[íme árostos]
salute (f)	υγεία (θηλ.)	[ijía]
raffreddore (m)	συνάχι (ουδ.)	[sináxi]
tonsillite (f)	αμυγδαλίτιδα (θηλ.)	[amiɣðalítiða]
raffreddore (m)	κρυολόγημα (ουδ.)	[kriolʲójima]
raffreddarsi (vr)	κρυολογώ	[kriolʲoɣó]
bronchite (f)	βρογχίτιδα (θηλ.)	[vronxítiða]
polmonite (f)	πνευμονία (θηλ.)	[pnevmonía]
influenza (f)	γρίπη (θηλ.)	[ɣrípi]
miope (agg)	μύωπας	[míopas]
presbite (agg)	πρεσβύωπας	[prezvíopas]
strabismo (m)	στραβισμός (αρ.)	[stravizmós]
strabico (agg)	αλλήθωρος	[alíθoros]
cateratta (f)	καταρράκτης (αρ.)	[kataráktis]
glaucoma (m)	γλαύκωμα (ουδ.)	[ɣlʲáfkoma]
ictus (m) cerebrale	αποπληξία (θηλ.)	[apopliksía]
attacco (m) di cuore	έμφραγμα (ουδ.)	[émfraɣma]
infarto (m) miocardico	έμφραγμα του μυοκαρδίου (ουδ.)	[émfraɣma tu miokarðíu]
paralisi (f)	παράλυση (θηλ.)	[parálisi]
paralizzare (vt)	παραλύω	[paralío]
allergia (f)	αλλεργία (θηλ.)	[alerjía]
asma (f)	άσθμα (ουδ.)	[ásθma]
diabete (m)	διαβήτης (αρ.)	[ðiavítis]
mal (m) di denti	πονόδοντος (αρ.)	[ponóðondos]
carie (f)	τερηδόνα (θηλ.)	[teriðóna]
diarrea (f)	διάρροια (θηλ.)	[ðiária]
stitichezza (f)	δυσκοιλιότητα (θηλ.)	[ðiskiliótita]
disturbo (m) gastrico	στομαχική διαταραχή (θηλ.)	[stomaxikí ðiataraxí]
intossicazione (f) alimentare	τροφική δηλητηρίαση (θηλ.)	[trofikí ðilitiríasi]
intossicarsi (vr)	δηλητηριάζομαι	[ðilitiriázome]
artrite (f)	αρθρίτιδα (θηλ.)	[arθrítiða]
rachitide (f)	ραχίτιδα (θηλ.)	[raxítiða]
reumatismo (m)	ρευματισμοί (αρ.πλ.)	[revmatizmí]
aterosclerosi (f)	αθηροσκλήρωση (θηλ.)	[aθirosklírosi]
gastrite (f)	γαστρίτιδα (θηλ.)	[ɣastrítiða]
appendicite (f)	σκωληκοειδίτιδα (θηλ.)	[skolikoiðítiða]

colecistite (f)	**χολοκυστίτιδα** (θηλ.)	[xolʲokistítiða]
ulcera (f)	**έλκος** (ουδ.)	[élʲkos]
morbillo (m)	**ιλαρά** (θηλ.)	[ilʲará]
rosolia (f)	**ερυθρά** (θηλ.)	[eriθrá]
itterizia (f)	**ίκτερος** (αρ.)	[íkteros]
epatite (f)	**ηπατίτιδα** (θηλ.)	[ipatítiða]
schizofrenia (f)	**σχιζοφρένεια** (θηλ.)	[sxizofrénia]
rabbia (f)	**λύσσα** (θηλ.)	[lísa]
nevrosi (f)	**νεύρωση** (θηλ.)	[névrosi]
commozione (f) cerebrale	**διάσειση** (θηλ.)	[ðiásisi]
cancro (m)	**καρκίνος** (αρ.)	[karkínos]
sclerosi (f)	**σκλήρυνση** (θηλ.)	[sklírinsi]
sclerosi (f) multipla	**σκλήρυνση κατά πλάκας** (θηλ.)	[sklírinsi kataplʲákas]
alcolismo (m)	**αλκοολισμός** (αρ.)	[alʲkoolizmós]
alcolizzato (m)	**αλκοολικός** (αρ.)	[alʲkoolikós]
sifilide (f)	**σύφιλη** (θηλ.)	[sífili]
AIDS (m)	**AIDS** (ουδ.)	[ejds]
tumore (m)	**όγκος** (αρ.)	[óngos]
maligno (agg)	**κακοήθης**	[kakoíθis]
benigno (agg)	**καλοήθης**	[kalʲoíθis]
febbre (f)	**πυρετός** (αρ.)	[piretós]
malaria (f)	**ελονοσία** (θηλ.)	[elʲonosía]
cancrena (f)	**γάγγραινα** (θηλ.)	[ɣángrena]
mal (m) di mare	**ναυτία** (θηλ.)	[naftía]
epilessia (f)	**επιληψία** (θηλ.)	[epilipsía]
epidemia (f)	**επιδημία** (θηλ.)	[epiðimía]
tifo (m)	**τύφος** (αρ.)	[tífos]
tubercolosi (f)	**φυματίωση** (θηλ.)	[fimatíosi]
colera (m)	**χολέρα** (θηλ.)	[xoléra]
peste (f)	**πανούκλα** (θηλ.)	[panúklʲa]

64. Sintomi. Cure. Parte 1

sintomo (m)	**σύμπτωμα** (ουδ.)	[símptoma]
temperatura (f)	**θερμοκρασία** (θηλ.)	[θermokrasía]
febbre (f) alta	**υψηλή θερμοκρασία** (θηλ.)	[ipsilí θermokrasía]
polso (m)	**παλμός** (αρ.)	[palʲmós]
capogiro (m)	**ίλιγγος** (αρ.)	[ílingos]
caldo (agg)	**ζεστός**	[zestós]
brivido (m)	**ρίγος** (ουδ.)	[ríɣos]
pallido (un viso ~)	**χλομός**	[xlʲomós]

tosse (f)	**βήχας** (αρ.)	[víxas]
tossire (vi)	**βήχω**	[víxo]
starnutire (vi)	**φτερνίζομαι**	[fternízome]
svenimento (m)	**λιποθυμία** (θηλ.)	[lipoθimía]
svenire (vi)	**λιποθυμώ**	[lipoθimó]
livido (m)	**μελανιά** (θηλ.)	[melʲaniá]
bernoccolo (m)	**καρούμπαλο** (ουδ.)	[karúmbalʲo]
farsi un livido	**χτυπάω**	[xtipáo]
contusione (f)	**μώλωπας** (αρ.)	[mólʲopas]
farsi male	**χτυπάω**	[xtipáo]
zoppicare (vi)	**κουτσαίνω**	[kutséno]
slogatura (f)	**εξάρθρημα** (ουδ.)	[eksárθrima]
slogarsi (vr)	**εξαρθρώνω**	[eksaθróno]
frattura (f)	**κάταγμα** (ουδ.)	[kátaɣma]
fratturarsi (vr)	**παθαίνω κάταγμα**	[paθéno kátaɣma]
taglio (m)	**κόψιμο, σχίσιμο** (ουδ.)	[kópsimo], [sxísimo]
tagliarsi (vr)	**κόβομαι**	[kóvome]
emorragia (f)	**αιμορραγία** (θηλ.)	[emorajía]
scottatura (f)	**έγκαυμα** (ουδ.)	[éngavma]
scottarsi (vr)	**καίγομαι**	[kéɣome]
pungere (vt)	**τρυπώ**	[tripó]
pungersi (vr)	**τρυπώ**	[tripó]
ferire (vt)	**τραυματίζω**	[travmatízo]
ferita (f)	**τραυματισμός** (αρ.)	[travmatizmós]
lesione (f)	**πληγή** (θηλ.)	[plijí]
trauma (m)	**τραύμα** (ουδ.)	[trávma]
delirare (vi)	**παραμιλώ**	[paramilʲó]
tartagliare (vi)	**τραυλίζω**	[travlízo]
colpo (m) di sole	**ηλίαση** (θηλ.)	[ilíasi]

65. Sintomi. Cure. Parte 2

dolore (m), male (m)	**πόνος** (αρ.)	[pónos]
scheggia (f)	**ακίδα** (θηλ.)	[akíða]
sudore (m)	**ιδρώτας** (αρ.)	[iðrótas]
sudare (vi)	**ιδρώνω**	[iðróno]
vomito (m)	**εμετός** (αρ.)	[emetós]
convulsioni (f pl)	**σπασμοί** (αρ.πλ.)	[spazmí]
incinta (agg)	**έγκυος**	[éngios]
nascere (vi)	**γεννιέμαι**	[jeniéme]
parto (m)	**γέννα** (θηλ.)	[jéna]
essere in travaglio di parto	**γεννάω**	[jenáo]

aborto (m)	**έκτρωση** (θηλ.)	[éktrosi]
respirazione (f)	**αναπνοή** (θηλ.)	[anapnoí]
inspirazione (f)	**εισπνοή** (θηλ.)	[ispnoí]
espirazione (f)	**εκπνοή** (θηλ.)	[ekpnoí]
espirare (vi)	**εκπνέω**	[ekpnéo]
inspirare (vi)	**εισπνέω**	[ispnéo]
invalido (m)	**ανάπηρος** (αρ.)	[anápiros]
storpio (m)	**σακάτης** (αρ.)	[sakátis]
drogato (m)	**ναρκομανής** (αρ.)	[narkomanís]
sordo (agg)	**κουφός, κωφός**	[kufós], [kofós]
muto (agg)	**μουγγός**	[mungós]
sordomuto (agg)	**κωφάλαλος**	[kofálʲalʲos]
matto (agg)	**τρελός**	[trelʲós]
matto (m)	**τρελός** (αρ.)	[trelʲós]
matta (f)	**τρελή** (θηλ.)	[trelí]
impazzire (vi)	**τρελαίνομαι**	[trelénome]
gene (m)	**γονίδιο** (ουδ.)	[ɣoníðio]
immunità (f)	**ανοσία** (θηλ.)	[anosía]
ereditario (agg)	**κληρονομικός**	[klironomikós]
innato (agg)	**συγγενής**	[singenís]
virus (m)	**ιός** (αρ.)	[jos]
microbo (m)	**μικρόβιο** (ουδ.)	[mikróvio]
batterio (m)	**βακτήριο** (ουδ.)	[vaktírio]
infezione (f)	**μόλυνση** (θηλ.)	[mólinsi]

66. Sintomi. Cure. Parte 3

ospedale (m)	**νοσοκομείο** (ουδ.)	[nosokomío]
paziente (m)	**ασθενής** (αρ.)	[asθenís]
diagnosi (f)	**διάγνωση** (θηλ.)	[ðiáɣnosi]
cura (f)	**θεραπεία** (θηλ.)	[θerapía]
trattamento (m)	**ιατρική περίθαλψη** (θηλ.)	[jatrikí períθalʲpsi]
curarsi (vr)	**θεραπεύομαι**	[θerapévume]
curare (vt)	**περιποιούμαι**	[peripiúme]
accudire (un malato)	**φροντίζω**	[frondízo]
assistenza (f)	**φροντίδα** (θηλ.)	[frondíða]
operazione (f)	**εγχείρηση** (θηλ.)	[enxírisi]
bendare (vt)	**επιδένω**	[epiðéno]
fasciatura (f)	**επίδεση** (θηλ.)	[epíðesi]
vaccinazione (f)	**εμβόλιο** (ουδ.)	[emvólio]
vaccinare (vt)	**εμβολιάζω**	[emvoliázo]
iniezione (f)	**ένεση** (θηλ.)	[énesi]

fare una puntura	**κάνω ένεση**	[káno énesi]
amputazione (f)	**ακρωτηριασμός** (αρ.)	[akrotiriazmós]
amputare (vt)	**ακρωτηριάζω**	[akrotiriázo]
coma (m)	**κώμα** (ουδ.)	[kóma]
essere in coma	**βρίσκομαι σε κώμα**	[vrískome se kóma]
rianimazione (f)	**εντατική** (θηλ.)	[endatikí]
guarire (vi)	**αναρρώνω**	[anaróno]
stato (f) (del paziente)	**κατάσταση** (θηλ.)	[katástasi]
conoscenza (f)	**αισθήσεις** (θηλ.πλ.)	[esθísis]
memoria (f)	**μνήμη** (θηλ.)	[mními]
estrarre (~ un dente)	**βγάζω**	[vɣázo]
otturazione (f)	**σφράγισμα** (ουδ.)	[sfrájizma]
otturare (vt)	**σφραγίζω**	[sfrajízo]
ipnosi (f)	**ύπνωση** (θηλ.)	[ípnosi]
ipnotizzare (vt)	**υπνωτίζω**	[ipnotízo]

67. Medicinali. Farmaci. Accessori

medicina (f)	**φάρμακο** (ουδ.)	[fármako]
rimedio (m)	**θεραπεία** (θηλ.)	[θerapía]
prescrivere (vt)	**γράφω**	[ɣráfo]
prescrizione (f)	**συνταγή** (θηλ.)	[sindají]
compressa (f)	**χάπι** (ουδ.)	[xápi]
unguento (m)	**αλοιφή** (θηλ.)	[alifí]
fiala (f)	**αμπούλα** (θηλ.)	[ambúlʲa]
pozione (f)	**διάλυμα** (ουδ.)	[ðiálima]
sciroppo (m)	**σιρόπι** (ουδ.)	[sirópi]
pillola (f)	**κάψουλα** (θηλ.)	[kápsulʲa]
polverina (f)	**σκόνη** (θηλ.)	[skóni]
benda (f)	**επίδεσμος** (αρ.)	[epíðezmos]
ovatta (f)	**χειρουργικό βαμβάκι** (ουδ.)	[xirurjikó vamváki]
iodio (m)	**ιώδιο** (ουδ.)	[ióðio]
cerotto (m)	**τσιρότο** (ουδ.)	[tsiróto]
contagocce (m)	**σταγονόμετρο** (ουδ.)	[staɣonómetro]
termometro (m)	**θερμόμετρο** (ουδ.)	[θermómetro]
siringa (f)	**σύριγγα** (θηλ.)	[síringa]
sedia (f) a rotelle	**αναπηρικό καροτσάκι** (ουδ.)	[anapirikó karotsáki]
stampelle (f pl)	**πατερίτσες** (θηλ.πλ.)	[paterítses]
analgesico (m)	**αναλγητικό** (ουδ.)	[analʲjitikó]
lassativo (m)	**καθαρτικό** (ουδ.)	[kaθartikó]

alcol (m)	οινόπνευμα (ουδ.)	[inópnevma]
erba (f) officinale	θεραπευτικά βότανα (ουδ.πλ.)	[θerapeftiká vótana]
d'erbe (infuso ~)	από βότανα	[apó vótana]

APPARTAMENTO

T&P Books Publishing

68. Appartamento

appartamento (m)	διαμέρισμα (ουδ.)	[ðiamérizma]
camera (f), stanza (f)	δωμάτιο (ουδ.)	[ðomátio]
camera (f) da letto	υπνοδωμάτιο (ουδ.)	[ipnoðomátio]
sala (f) da pranzo	τραπεζαρία (θηλ.)	[trapezaría]
salotto (m)	σαλόνι (ουδ.)	[salʲóni]
studio (m)	γραφείο (ουδ.)	[ɣrafío]
ingresso (m)	χωλ (ουδ.)	[xolʲ]
bagno (m)	μπάνιο (ουδ.)	[bánio]
gabinetto (m)	τουαλέτα (θηλ.)	[tualéta]
soffitto (m)	ταβάνι (ουδ.)	[taváni]
pavimento (m)	πάτωμα (ουδ.)	[pátoma]
angolo (m)	γωνία (θηλ.)	[ɣonía]

69. Arredamento. Interno

mobili (m pl)	έπιπλα (ουδ.πλ.)	[épiplʲa]
tavolo (m)	τραπέζι (ουδ.)	[trapézi]
sedia (f)	καρέκλα (θηλ.)	[karéklʲa]
letto (m)	κρεβάτι (ουδ.)	[kreváti]
divano (m)	καναπές (αρ.)	[kanapés]
poltrona (f)	πολυθρόνα (θηλ.)	[poliθróna]
libreria (f)	βιβλιοθήκη (θηλ.)	[vivlioθíki]
ripiano (m)	ράφι (ουδ.)	[ráfi]
armadio (m)	ντουλάπα (θηλ.)	[dulʲápa]
attaccapanni (m) da parete	κρεμάστρα (θηλ.)	[kremástra]
appendiabiti (m) da terra	καλόγερος (αρ.)	[kalʲójeros]
comò (m)	συρταριέρα (θηλ.)	[sirtariéra]
tavolino (m) da salotto	τραπεζάκι (ουδ.)	[trapezáki]
specchio (m)	καθρέφτης (αρ.)	[kaθréftis]
tappeto (m)	χαλί (ουδ.)	[xalí]
tappetino (m)	χαλάκι (ουδ.)	[xalʲáki]
camino (m)	τζάκι (ουδ.)	[dzáki]
candela (f)	κερί (ουδ.)	[kerí]
candeliere (m)	κηροπήγιο (ουδ.)	[kiropíjo]
tende (f pl)	κουρτίνες (θηλ.πλ.)	[kurtínes]

carta (f) da parati	**ταπετσαρία** (θηλ.)	[tapetsaría]
tende (f pl) alla veneziana	**στόρια** (ουδ.πλ.)	[stória]
lampada (f) da tavolo	**επιτραπέζιο φωτιστικό** (ουδ.)	[epitrapézio fotistikó]
lampada (f) da parete	**φωτιστικό τοίχου** (ουδ.)	[fotistikó tíxu]
lampada (f) a stelo	**φωτιστικό δαπέδου** (ουδ.)	[fotistikó ðapéðu]
lampadario (m)	**πολυέλαιος** (αρ.)	[poliéleos]
gamba (f)	**πόδι** (ουδ.)	[póði]
bracciolo (m)	**μπράτσο** (ουδ.)	[brátso]
spalliera (f)	**πλάτη** (θηλ.)	[plʲáti]
cassetto (m)	**συρτάρι** (ουδ.)	[sirtári]

70. Biancheria da letto

biancheria (f) da letto	**σεντόνια** (ουδ.πλ.)	[sendónia]
cuscino (m)	**μαξιλάρι** (ουδ.)	[maksilʲári]
federa (f)	**μαξιλαροθήκη** (θηλ.)	[maksilʲaroθíki]
coperta (f)	**πάπλωμα** (ουδ.)	[páplʲoma]
lenzuolo (m)	**σεντόνι** (ουδ.)	[sendóni]
copriletto (m)	**κουβερλί** (ουδ.)	[kuverlí]

71. Cucina

cucina (f)	**κουζίνα** (θηλ.)	[kuzína]
gas (m)	**γκάζι** (ουδ.)	[gázi]
fornello (m) a gas	**κουζίνα με γκάζι** (θηλ.)	[kuzína me gázi]
fornello (m) elettrico	**ηλεκτρική κουζίνα** (θηλ.)	[ilektrikí kuzína]
forno (m)	**φούρνος** (αρ.)	[fúrnos]
forno (m) a microonde	**φούρνος μικροκυμάτων** (αρ.)	[fúrnos mikrokimáton]
frigorifero (m)	**ψυγείο** (ουδ.)	[psiʝío]
congelatore (m)	**καταψύκτης** (αρ.)	[katapsíktis]
lavastoviglie (f)	**πλυντήριο πιάτων** (ουδ.)	[plindírio piáton]
tritacarne (m)	**κρεατομηχανή** (θηλ.)	[kreatomixaní]
spremifrutta (m)	**αποχυμωτής** (αρ.)	[apoximotís]
tostapane (m)	**φρυγανιέρα** (θηλ.)	[friɣaniéra]
mixer (m)	**μίξερ** (ουδ.)	[míkser]
macchina (f) da caffè	**καφετιέρα** (θηλ.)	[kafetiéra]
caffettiera (f)	**καφετιέρα** (θηλ.)	[kafetiéra]
macinacaffè (m)	**μύλος του καφέ** (αρ.)	[mílʲos tu kafé]
bollitore (m)	**βραστήρας** (αρ.)	[vrastíras]
teiera (f)	**τσαγιέρα** (θηλ.)	[tsaʝéra]

coperchio (m)	**καπάκι** (ουδ.)	[kapáki]
colino (m) da tè	**σουρωτήρι τσαγιού** (ουδ.)	[surotíri tsaʝú]
cucchiaio (m)	**κουτάλι** (ουδ.)	[kutáli]
cucchiaino (m) da tè	**κουταλάκι του γλυκού** (ουδ.)	[kutalʲáki tu ɣlikú]
cucchiaio (m)	**κουτάλι της σούπας** (ουδ.)	[kutáli tis súpas]
forchetta (f)	**πιρούνι** (ουδ.)	[pirúni]
coltello (m)	**μαχαίρι** (ουδ.)	[maxéri]
stoviglie (f pl)	**επιτραπέζια σκεύη** (ουδ.πλ.)	[epitrapézia skévi]
piatto (m)	**πιάτο** (ουδ.)	[piáto]
piattino (m)	**πιατάκι** (ουδ.)	[piatáki]
cicchetto (m)	**σφηνοπότηρο** (ουδ.)	[sfinopótiro]
bicchiere (m) (~ d'acqua)	**ποτήρι** (ουδ.)	[potíri]
tazzina (f)	**φλιτζάνι** (ουδ.)	[flidzáni]
zuccheriera (f)	**ζαχαριέρα** (θηλ.)	[zaxariéra]
saliera (f)	**αλατιέρα** (θηλ.)	[alʲatiéra]
pepiera (f)	**πιπεριέρα** (θηλ.)	[piperiéra]
burriera (f)	**βουτυριέρα** (θηλ.)	[vutiriéra]
pentola (f)	**κατσαρόλα** (θηλ.)	[katsarólʲa]
padella (f)	**τηγάνι** (ουδ.)	[tiɣáni]
mestolo (m)	**κουτάλα** (θηλ.)	[kutálʲa]
colapasta (m)	**σουρωτήρι** (ουδ.)	[surotíri]
vassoio (m)	**δίσκος** (αρ.)	[ðískos]
bottiglia (f)	**μπουκάλι** (ουδ.)	[bukáli]
barattolo (m) di vetro	**βάζο** (ουδ.)	[vázo]
latta, lattina (f)	**κουτί** (ουδ.)	[kutí]
apribottiglie (m)	**ανοιχτήρι** (ουδ.)	[anixtíri]
apriscatole (m)	**ανοιχτήρι** (ουδ.)	[anixtíri]
cavatappi (m)	**τιρμπουσόν** (ουδ.)	[tirbusón]
filtro (m)	**φίλτρο** (ουδ.)	[fílʲtro]
filtrare (vt)	**φιλτράρω**	[filʲtráro]
spazzatura (f)	**σκουπίδια** (ουδ.πλ.)	[skupíðia]
pattumiera (f)	**κάδος σκουπιδιών** (αρ.)	[káðos skupiðión]

72. Bagno

bagno (m)	**μπάνιο** (ουδ.)	[bánio]
acqua (f)	**νερό** (ουδ.)	[neró]
rubinetto (m)	**βρύση** (ουδ.)	[vrísi]
acqua (f) calda	**ζεστό νερό** (ουδ.)	[zestó neró]
acqua (f) fredda	**κρύο νερό** (ουδ.)	[krío neró]

dentifricio (m)	**οδοντόκρεμα** (θηλ.)	[oðondókrema]
lavarsi i denti	**πλένω τα δόντια**	[pléno ta ðóndia]
rasarsi (vr)	**ξυρίζομαι**	[ksirízome]
schiuma (f) da barba	**αφρός ξυρίσματος** (αρ.)	[afrós ksirízmatos]
rasoio (m)	**ξυράφι** (ουδ.)	[ksiráfi]
lavare (vt)	**πλένω**	[pléno]
fare un bagno	**πλένομαι**	[plénome]
doccia (f)	**ντουζ** (ουδ.)	[duz]
fare una doccia	**κάνω ντουζ**	[káno duz]
vasca (f) da bagno	**μπανιέρα** (θηλ.)	[baniéra]
water (m)	**λεκάνη** (θηλ.)	[lekáni]
lavandino (m)	**νιπτήρας** (αρ.)	[niptíras]
sapone (m)	**σαπούνι** (ουδ.)	[sapúni]
porta (m) sapone	**σαπουνοθήκη** (θηλ.)	[sapunoθíki]
spugna (f)	**σφουγγάρι** (ουδ.)	[sfungári]
shampoo (m)	**σαμπουάν** (ουδ.)	[sambuán]
asciugamano (m)	**πετσέτα** (θηλ.)	[petséta]
accappatoio (m)	**μπουρνούζι** (ουδ.)	[burnúzi]
bucato (m)	**μπουγάδα** (θηλ.)	[buɣáða]
lavatrice (f)	**πλυντήριο ρούχων** (ουδ.)	[plindírio rúxon]
fare il bucato	**πλένω τα σεντόνια**	[pléno ta sendónia]
detersivo (m) per il bucato	**απορρυπαντικό** (ουδ.)	[aporipandikó]

73. Elettrodomestici

televisore (m)	**τηλεόραση** (θηλ.)	[tileórasi]
registratore (m) a nastro	**κασετόφωνο** (ουδ.)	[kasetófono]
videoregistratore (m)	**συσκευή βίντεο** (θηλ.)	[siskeví vídeo]
radio (f)	**ραδιόφωνο** (ουδ.)	[raðiófono]
lettore (m)	**πλέιερ** (ουδ.)	[pléjer]
videoproiettore (m)	**βιντεοπροβολέας** (αρ.)	[videoprovoléas]
home cinema (m)	**οικιακός κινηματογράφος** (αρ.)	[ikiakós kinimatoɣráfos]
lettore (m) DVD	**συσκευή DVD** (θηλ.)	[siskeví dividí]
amplificatore (m)	**ενισχυτής** (αρ.)	[enisxitís]
console (f) video giochi	**κονσόλα παιχνιδιών** (θηλ.)	[konsólʲa pexniðion]
videocamera (f)	**βιντεοκάμερα** (θηλ.)	[videokámera]
macchina (f) fotografica	**φωτογραφική μηχανή** (θηλ.)	[fotoɣrafikí mixaní]
fotocamera (f) digitale	**ψηφιακή φωτογραφική μηχανή** (θηλ.)	[psifiakí fotoɣrafikí mixaní]
aspirapolvere (m)	**ηλεκτρική σκούπα** (θηλ.)	[ilektrikí skúpa]

ferro (m) da stiro	σίδερο (ουδ.)	[síðero]
asse (f) da stiro	σιδερώστρα (θηλ.)	[siðeróstra]
telefono (m)	τηλέφωνο (ουδ.)	[tiléfono]
telefonino (m)	κινητό τηλέφωνο (ουδ.)	[kinitó tiléfono]
macchina (f) da scrivere	γραφομηχανή (θηλ.)	[ɣrafomixaní]
macchina (f) da cucire	ραπτομηχανή (θηλ.)	[raptomixaní]
microfono (m)	μικρόφωνο (ουδ.)	[mikrófono]
cuffia (f)	ακουστικά (ουδ.πλ.)	[akustiká]
telecomando (m)	τηλεχειριστήριο (ουδ.)	[tilexiristírio]
CD (m)	συμπαγής δίσκος (αρ.)	[simpajís ðískos]
cassetta (f)	κασέτα (θηλ.)	[kaséta]
disco (m) (vinile)	δίσκος βινυλίου (αρ.)	[ðískos vinilíu]

LA TERRA. TEMPO

T&P Books Publishing

74. L'Universo

cosmo (m)	**διάστημα** (ουδ.)	[ðiástima]
cosmico, spaziale (agg)	**διαστημικός**	[ðiastimikós]
spazio (m) cosmico	**απώτερο διάστημα** (ουδ.)	[apótero ðiástima]
universo, mondo (m)	**σύμπαν** (ουδ.)	[símban]
galassia (f)	**γαλαξίας** (αρ.)	[ɣalʲaksías]
stella (f)	**αστέρας** (αρ.)	[astéras]
costellazione (f)	**αστερισμός** (αρ.)	[asterizmós]
pianeta (m)	**πλανήτης** (αρ.)	[plʲanítis]
satellite (m)	**δορυφόρος** (αρ.)	[ðorifóros]
meteorite (m)	**μετεωρίτης** (αρ.)	[meteorítis]
cometa (f)	**κομήτης** (αρ.)	[komítis]
asteroide (m)	**αστεροειδής** (αρ.)	[asteroiðís]
orbita (f)	**τροχιά** (θηλ.)	[troxiá]
ruotare (vi)	**περιστρέφομαι**	[peristréfome]
atmosfera (f)	**ατμόσφαιρα** (θηλ.)	[atmósfera]
il Sole	**Ήλιος** (αρ.)	[ílios]
sistema (m) solare	**ηλιακό σύστημα** (ουδ.)	[iliakó sístima]
eclisse (f) solare	**έκλειψη ηλίου** (θηλ.)	[éklipsi ilíu]
la Terra	**Γη** (θηλ.)	[ʝi]
la Luna	**Σελήνη** (θηλ.)	[selíni]
Marte (m)	**Άρης** (αρ.)	[áris]
Venere (f)	**Αφροδίτη** (θηλ.)	[afroðíti]
Giove (m)	**Δίας** (αρ.)	[ðías]
Saturno (m)	**Κρόνος** (αρ.)	[krónos]
Mercurio (m)	**Ερμής** (αρ.)	[ermís]
Urano (m)	**Ουρανός** (αρ.)	[uranós]
Nettuno (m)	**Ποσειδώνας** (αρ.)	[posiðónas]
Plutone (m)	**Πλούτωνας** (αρ.)	[plʲútonas]
Via (f) Lattea	**Γαλαξίας** (αρ.)	[ɣalʲaksías]
Orsa (f) Maggiore	**Μεγάλη Άρκτος** (θηλ.)	[meɣáli árktos]
Stella (f) Polare	**Πολικός Αστέρας** (αρ.)	[polikós astéras]
marziano (m)	**Αρειανός** (αρ.)	[arianós]
extraterrestre (m)	**εξωγήινος** (αρ.)	[eksoʝíinos]
alieno (m)	**εξωγήινος** (αρ.)	[eksoʝíinos]

disco (m) volante	**ιπτάμενος δίσκος** (αρ.)	[iptámenos ðískos]
nave (f) spaziale	**διαστημόπλοιο** (ουδ.)	[ðiastimóplio]
stazione (f) spaziale	**διαστημικός σταθμός** (αρ.)	[ðiastimikós staθmós]
lancio (m)	**εκτόξευση** (θηλ.)	[ektóksefsi]
motore (m)	**κινητήρας** (αρ.)	[kinitíras]
ugello (m)	**ακροφύσιο** (ουδ.)	[akrofísio]
combustibile (m)	**καύσιμο** (ουδ.)	[káfsimo]
cabina (f) di pilotaggio	**πιλοτήριο** (ουδ.)	[pilʲotírio]
antenna (f)	**κεραία** (θηλ.)	[keréa]
oblò (m)	**φινιστρίνι** (ουδ.)	[finistríni]
batteria (f) solare	**ηλιακός συλλέκτης** (αρ.)	[iliakós siléktis]
scafandro (m)	**στολή αστροναύτη** (θηλ.)	[stolí astronáfti]
imponderabilità (f)	**έλλειψη βαρύτητας** (θηλ.)	[élipsi varítitas]
ossigeno (m)	**οξυγόνο** (ουδ.)	[oksiɣóno]
aggancio (m)	**πρόσδεση** (θηλ.)	[prózðesi]
agganciarsi (vr)	**προσδένω**	[prozðéno]
osservatorio (m)	**αστεροσκοπείο** (ουδ.)	[asteroskopío]
telescopio (m)	**τηλεσκόπιο** (ουδ.)	[tileskópio]
osservare (vt)	**παρατηρώ**	[paratiró]
esplorare (vt)	**ερευνώ**	[erevnó]

75. La Terra

la Terra	**Γη** (θηλ.)	[ʝi]
globo (m) terrestre	**υδρόγειος** (θηλ.)	[iðróʝios]
pianeta (m)	**πλανήτης** (αρ.)	[plʲanítis]
atmosfera (f)	**ατμόσφαιρα** (θηλ.)	[atmósfera]
geografia (f)	**γεωγραφία** (θηλ.)	[ʝeoɣrafía]
natura (f)	**φύση** (θηλ.)	[físi]
mappamondo (m)	**υδρόγειος** (θηλ.)	[iðróʝios]
carta (f) geografica	**χάρτης** (αρ.)	[xártis]
atlante (m)	**άτλας** (αρ.)	[átlʲas]
Europa (f)	**Ευρώπη** (θηλ.)	[evrópi]
Asia (f)	**Ασία** (θηλ.)	[asía]
Africa (f)	**Αφρική** (θηλ.)	[afrikí]
Australia (f)	**Αυστραλία** (θηλ.)	[afstralía]
America (f)	**Αμερική** (θηλ.)	[amerikí]
America (f) del Nord	**Βόρεια Αμερική** (θηλ.)	[vória amerikí]
America (f) del Sud	**Νότια Αμερική** (θηλ.)	[nótia amerikí]

Antartide (f)	**Ανταρκτική** (θηλ.)	[andarktikí]
Artico (m)	**Αρκτική** (θηλ.)	[arktikí]

76. Punti cardinali

nord (m)	**βορράς** (αρ.)	[vorás]
a nord	**προς το βορρά**	[pros to vorá]
al nord	**στο βορρά**	[sto vorá]
del nord (agg)	**βόρειος**	[vórios]
sud (m)	**νότος** (αρ.)	[nótos]
a sud	**προς το νότο**	[pros to nóto]
al sud	**στο νότο**	[sto nóto]
del sud (agg)	**νότιος**	[nótios]
ovest (m)	**δύση** (θηλ.)	[ðísi]
a ovest	**προς τη δύση**	[pros ti ðísi]
all'ovest	**στη δύση**	[sti ðísi]
dell'ovest, occidentale	**δυτικός**	[ðitikós]
est (m)	**ανατολή** (θηλ.)	[anatolí]
a est	**προς την ανατολή**	[pros tin anatolí]
all'est	**στην ανατολή**	[stin anatolí]
dell'est, orientale	**ανατολικός**	[anatolikós]

77. Mare. Oceano

mare (m)	**θάλασσα** (θηλ.)	[θálʲasa]
oceano (m)	**ωκεανός** (αρ.)	[okeanós]
golfo (m)	**κόλπος** (αρ.)	[kólʲpos]
stretto (m)	**πορθμός** (αρ.)	[porθmós]
continente (m)	**ήπειρος** (θηλ.)	[íperos]
isola (f)	**νησί** (ουδ.)	[nisí]
penisola (f)	**χερσόνησος** (θηλ.)	[xersónisos]
arcipelago (m)	**αρχιπέλαγος** (ουδ.)	[arxipélʲaɣos]
baia (f)	**κόλπος** (αρ.)	[kólʲpos]
porto (m)	**λιμάνι** (ουδ.)	[limáni]
laguna (f)	**λιμνοθάλασσα** (θηλ.)	[limnoθálʲasa]
capo (m)	**ακρωτήρι** (ουδ.)	[akrotíri]
atollo (m)	**ατόλη** (θηλ.)	[atóli]
scogliera (f)	**ύφαλος** (αρ.)	[ífalʲos]
corallo (m)	**κοράλλι** (ουδ.)	[koráli]
barriera (f) corallina	**κοραλλιογενής ύφαλος** (αρ.)	[koralioʝenís ifalʲos]
profondo (agg)	**βαθύς**	[vaθís]

profondità (f)	**βάθος** (ουδ.)	[váθos]
abisso (m)	**άβυσσος** (θηλ.)	[ávisos]
fossa (f) (~ delle Marianne)	**τάφρος** (θηλ.)	[táfros]
corrente (f)	**ρεύμα** (ουδ.)	[révma]
circondare (vt)	**περιβρέχω**	[perivréxo]
litorale (m)	**παραλία** (θηλ.)	[paralía]
costa (f)	**ακτή** (θηλ.)	[aktí]
alta marea (f)	**πλημμυρίδα** (θηλ.)	[plimiríða]
bassa marea (f)	**παλίρροια** (θηλ.)	[palíria]
banco (m) di sabbia	**ρηχά** (ουδ.πλ.)	[rixá]
fondo (m)	**πάτος** (αρ.)	[pátos]
onda (f)	**κύμα** (ουδ.)	[kíma]
cresta (f) dell'onda	**κορυφή** (θηλ.)	[korifí]
schiuma (f)	**αφρός** (αρ.)	[afrós]
tempesta (f)	**καταιγίδα** (θηλ.)	[katejíða]
uragano (m)	**τυφώνας** (αρ.)	[tifónas]
tsunami (m)	**τσουνάμι** (ουδ.)	[tsunámi]
bonaccia (f)	**νηνεμία** (θηλ.)	[ninemía]
tranquillo (agg)	**ήσυχος**	[ísixos]
polo (m)	**πόλος** (αρ.)	[pólʲos]
polare (agg)	**πολικός**	[polikós]
latitudine (f)	**γεωγραφικό πλάτος** (ουδ.)	[jeoɣrafikó plʲátos]
longitudine (f)	**μήκος** (ουδ.)	[míkos]
parallelo (m)	**παράλληλος** (αρ.)	[parálilʲos]
equatore (m)	**ισημερινός** (αρ.)	[isimerinós]
cielo (m)	**ουρανός** (αρ.)	[uranós]
orizzonte (m)	**ορίζοντας** (αρ.)	[orízondas]
aria (f)	**αέρας** (αρ.)	[aéras]
faro (m)	**φάρος** (αρ.)	[fáros]
tuffarsi (vr)	**βουτάω**	[vutáo]
affondare (andare a fondo)	**βυθίζομαι**	[viθízome]
tesori (m)	**θησαυροί** (αρ.πλ.)	[θisavrí]

78. Nomi dei mari e degli oceani

Oceano (m) Atlantico	**Ατλαντικός Ωκεανός** (αρ.)	[atlʲandikós okeanós]
Oceano (m) Indiano	**Ινδικός Ωκεανός** (αρ.)	[inðikós okeanós]
Oceano (m) Pacifico	**Ειρηνικός Ωκεανός** (αρ.)	[irinikós okeanós]
mar (m) Glaciale Artico	**Αρκτικός Ωκεανός** (αρ.)	[arktikós okeanós]
mar (m) Nero	**Μαύρη Θάλασσα** (θηλ.)	[mávri θálʲasa]
mar (m) Rosso	**Ερυθρά Θάλασσα** (θηλ.)	[eriθrá θálʲasa]

mar (m) Giallo	**Κίτρινη Θάλασσα** (θηλ.)	[kítrini θálʲasa]
mar (m) Bianco	**Λευκή Θάλασσα** (θηλ.)	[lefkí θálʲasa]
mar (m) Caspio	**Κασπία Θάλασσα** (θηλ.)	[kaspía θálʲasa]
mar (m) Morto	**Νεκρά Θάλασσα** (θηλ.)	[nekrá θalʲasa]
mar (m) Mediterraneo	**Μεσόγειος Θάλασσα** (θηλ.)	[mesójios θálʲasa]
mar (m) Egeo	**Αιγαίο** (ουδ.)	[ejéo]
mar (m) Adriatico	**Αδριατική** (θηλ.)	[aðriatikí]
mar (m) Arabico	**Αραβική Θάλασσα** (θηλ.)	[aravikí θálʲasa]
mar (m) del Giappone	**Ιαπωνική Θάλασσα** (θηλ.)	[japonikí θálʲasa]
mare (m) di Bering	**Βερίγγειος Θάλασσα** (θηλ.)	[veríngios θálʲasa]
mar (m) Cinese meridionale	**Νότια Κινέζικη Θάλασσα** (θηλ.)	[nótia kinéziki θálʲasa]
mar (m) dei Coralli	**Θάλασσα των Κοραλλίων** (θηλ.)	[θálʲasa tonkoralíon]
mar (m) di Tasman	**Θάλασσα της Τασμανίας** (θηλ.)	[θálʲasa tis tazmanías]
mar (m) dei Caraibi	**Καραϊβική θάλασσα** (θηλ.)	[karaivikí θálʲasa]
mare (m) di Barents	**Θάλασσα Μπάρεντς** (θηλ.)	[θalʲasa bárents]
mare (m) di Kara	**Θάλασσα του Κάρα** (θηλ.)	[θalʲasa tu kára]
mare (m) del Nord	**Βόρεια Θάλασσα** (θηλ.)	[vória θálʲasa]
mar (m) Baltico	**Βαλτική Θάλασσα** (θηλ.)	[valʲtikí θálʲasa]
mare (m) di Norvegia	**Νορβηγική Θάλασσα** (θηλ.)	[norvijikí θálʲasa]

79. Montagne

monte (m), montagna (f)	**βουνό** (ουδ.)	[vunó]
catena (f) montuosa	**οροσειρά** (θηλ.)	[orosirá]
crinale (m)	**κορυφογραμμή** (θηλ.)	[korifoɣramí]
cima (f)	**κορυφή** (θηλ.)	[korifí]
picco (m)	**κορυφή** (θηλ.)	[korifí]
piedi (m pl)	**πρόποδες** (αρ.πλ.)	[própoðes]
pendio (m)	**πλαγιά** (θηλ.)	[plʲajá]
vulcano (m)	**ηφαίστειο** (ουδ.)	[iféstio]
vulcano (m) attivo	**ενεργό ηφαίστειο** (ουδ.)	[enerɣó iféstio]
vulcano (m) inattivo	**σβησμένο ηφαίστειο** (ουδ.)	[svizméno iféstio]
eruzione (f)	**έκρηξη** (θηλ.)	[ékriksi]
cratere (m)	**κρατήρας** (αρ.)	[kratíras]
magma (m)	**μάγμα** (ουδ.)	[máɣma]
lava (f)	**λάβα** (θηλ.)	[lʲáva]
fuso (lava ~a)	**πυρακτωμένος**	[piraktoménos]

canyon (m)	**φαράγγι** (ουδ.)	[farángi]
gola (f)	**φαράγγι** (ουδ.)	[farángi]
crepaccio (m)	**ρωγμή** (θηλ.)	[roɣmí]
passo (m), valico (m)	**διάσελο** (ουδ.)	[ðiáselʲo]
altopiano (m)	**οροπέδιο** (ουδ.)	[oropéðio]
falesia (f)	**γκρεμός** (αρ.)	[gremós]
collina (f)	**λόφος** (αρ.)	[lʲófos]
ghiacciaio (m)	**παγετώνας** (αρ.)	[pajetónas]
cascata (f)	**καταρράκτης** (αρ.)	[kataráktis]
geyser (m)	**θερμοπίδακας** (αρ.)	[θermopíðakas]
lago (m)	**λίμνη** (θηλ.)	[límni]
pianura (f)	**πεδιάδα** (θηλ.)	[peðiáða]
paesaggio (m)	**τοπίο** (ουδ.)	[topío]
eco (f)	**ηχώ** (θηλ.)	[ixó]
alpinista (m)	**ορειβάτης** (αρ.)	[orivátis]
scalatore (m)	**ορειβάτης** (αρ.)	[orivátis]
conquistare (~ una cima)	**κατακτώ**	[kataktó]
scalata (f)	**ανάβαση** (θηλ.)	[anávasi]

80. Nomi delle montagne

Alpi (f pl)	**Άλπεις** (θηλ.πλ.)	[álʲpis]
Monte (m) Bianco	**Λευκό Όρος** (ουδ.)	[lefkó oros]
Pirenei (m pl)	**Πυρηναία** (ουδ.πλ.)	[pirinéa]
Carpazi (m pl)	**Καρπάθια Όρη** (ουδ.πλ.)	[karpáθxa óri]
gli Urali (m pl)	**Ουράλια** (ουδ.πλ.)	[urália]
Caucaso (m)	**Καύκασος** (αρ.)	[káfkasos]
Monte (m) Elbrus	**Ελμπρούς** (ουδ.)	[elʲbrús]
Monti (m pl) Altai	**όρη Αλτάι** (ουδ.πλ.)	[óri alʲtáj]
Pamir (m)	**Παμίρ** (ουδ.)	[pamír]
Himalaia (m)	**Ιμαλάια** (ουδ.πλ.)	[imalʲája]
Everest (m)	**Έβερεστ** (ουδ.)	[éverest]
Ande (f pl)	**Άνδεις** (θηλ.πλ.)	[ánðis]
Kilimangiaro (m)	**Κιλιμαντζάρο** (ουδ.)	[kilimandzáro]

81. Fiumi

fiume (m)	**ποταμός** (αρ.)	[potamós]
fonte (f) (sorgente)	**πηγή** (θηλ.)	[pijí]
letto (m) (~ del fiume)	**κοίτη** (θηλ.)	[kíti]
bacino (m)	**λεκάνη** (θηλ.)	[lekáni]

sfociare nel ...	**εκβάλλω στο ...**	[ekvál^jo sto]
affluente (m)	**παραπόταμος** (αρ.)	[parapótamos]
riva (f)	**ακτή** (θηλ.)	[aktí]
corrente (f)	**ρεύμα** (ουδ.)	[révma]
a valle	**στη φορά του ρεύματος**	[sti forá tu révmatos]
a monte	**κόντρα στο ρεύμα**	[kóndra sto révma]
inondazione (f)	**πλημμύρα** (θηλ.)	[plimíra]
piena (f)	**ξεχείλισμα** (ουδ.)	[ksexílizma]
straripare (vi)	**πλημμυρίζω**	[plimirízo]
inondare (vt)	**πλημμυρίζω**	[plimirízo]
secca (f)	**ρηχά** (ουδ.πλ.)	[rixá]
rapida (f)	**ορμητικό ρεύμα** (ουδ.)	[ormitikó révma]
diga (f)	**φράγμα** (ουδ.)	[fráɣma]
canale (m)	**κανάλι** (ουδ.)	[kanáli]
bacino (m) di riserva	**ταμιευτήρας** (αρ.)	[tamieftíras]
chiusa (f)	**θυρόφραγμα** (ουδ.)	[θirófraɣma]
specchio (m) d'acqua	**νερόλακκος** (αρ.)	[neról^jakos]
palude (f)	**έλος** (ουδ.)	[él^jos]
pantano (m)	**βάλτος** (αρ.)	[vál^jtos]
vortice (m)	**δίνη** (θηλ.)	[ðíni]
ruscello (m)	**ρυάκι** (ουδ.)	[riáki]
potabile (agg)	**πόσιμο**	[pósimo]
dolce (di acqua ~)	**γλυκό**	[ɣlikó]
ghiaccio (m)	**πάγος** (αρ.)	[páɣos]
ghiacciarsi (vr)	**παγώνω**	[paɣóno]

82. Nomi dei fiumi

Senna (f)	**Σηκουάνας** (αρ.)	[sikuánas]
Loira (f)	**Λίγηρας** (αρ.)	[lʝiras]
Tamigi (m)	**Τάμεσης** (αρ.)	[támesis]
Reno (m)	**Ρήνος** (αρ.)	[rínos]
Danubio (m)	**Δούναβης** (αρ.)	[ðúnavis]
Volga (m)	**Βόλγας** (αρ.)	[vól^jɣas]
Don (m)	**Ντον** (αρ.)	[don]
Lena (f)	**Λένας** (αρ.)	[lénas]
Fiume (m) Giallo	**Κίτρινος Ποταμός** (αρ.)	[kítrinos potamós]
Fiume (m) Azzurro	**Γιανγκτσέ** (αρ.)	[ʝangtsé]
Mekong (m)	**Μεκόνγκ** (αρ.)	[mekóng]

Gange (m)	**Γάγγης** (αρ.)	[ɣángis]
Nilo (m)	**Νείλος** (αρ.)	[nílʲos]
Congo (m)	**Κονγκό** (αρ.)	[kongó]
Okavango	**Οκαβάνγκο** (αρ.)	[okavángo]
Zambesi (m)	**Ζαμβέζης** (αρ.)	[zamvézis]
Limpopo (m)	**Λιμπόπο** (αρ.)	[limbópo]
Mississippi (m)	**Μισισιπής** (αρ.)	[misisipís]

83. Foresta

foresta (f)	**δάσος** (ουδ.)	[ðásos]
forestale (agg)	**του δάσους**	[tu ðásus]

foresta (f) fitta	**πυκνό δάσος** (ουδ.)	[piknó ðásos]
boschetto (m)	**άλσος** (ουδ.)	[álʲsos]
radura (f)	**ξέφωτο** (ουδ.)	[kséfoto]

roveto (m)	**λόχμη** (θηλ.)	[lʲóxmi]
boscaglia (f)	**θαμνότοπος** (αρ.)	[θamnótopos]

sentiero (m)	**μονοπάτι** (ουδ.)	[monopáti]
calanco (m)	**χαράδρα** (θηλ.)	[xaráðra]

albero (m)	**δέντρο** (ουδ.)	[ðéndro]
foglia (f)	**φύλλο** (ουδ.)	[fílʲo]
fogliame (m)	**φύλλωμα** (ουδ.)	[fílʲoma]

caduta (f) delle foglie	**φυλλοβολία** (θηλ.)	[filʲovolía]
cadere (vi)	**πέφτω**	[péfto]
cima (f)	**κορυφή** (θηλ.)	[korifí]

ramo (m), ramoscello (m)	**κλαδί** (ουδ.)	[klaðí]
ramo (m)	**μεγάλο κλαδί** (ουδ.)	[meɣálʲo klʲaðí]
gemma (f)	**μπουμπούκι** (ουδ.)	[bubúki]
ago (m)	**βελόνα** (θηλ.)	[velʲóna]
pigna (f)	**κουκουνάρι** (ουδ.)	[kukunári]

cavità (f)	**φωλιά στο δέντρο** (θηλ.)	[foliá sto ðéndro]
nido (m)	**φωλιά** (θηλ.)	[foliá]
tana (f) (del fox, ecc.)	**φωλιά** (θηλ.), **λαγούμι** (ουδ.)	[foliá], [lʲaɣúmi]

tronco (m)	**κορμός** (αρ.)	[kormós]
radice (f)	**ρίζα** (θηλ.)	[ríza]
corteccia (f)	**φλοιός** (αρ.)	[fliós]
musco (m)	**βρύο** (ουδ.)	[vrío]

sradicare (vt)	**ξεριζώνω**	[kserizóno]
abbattere (~ un albero)	**κόβω**	[kóvo]
disboscare (vt)	**αποψιλώνω**	[apopsilʲóno]
ceppo (m)	**κομμένος κορμός** (αρ.)	[koménos kormós]

falò (m)	**φωτιά** (θηλ.)	[fotiá]
incendio (m) boschivo	**πυρκαγιά** (θηλ.)	[pirkaʝá]
spegnere (vt)	**σβήνω**	[zvíno]

guardia (f) forestale	**δασοφύλακας** (αρ.)	[ðasofílʲakas]
protezione (f)	**προστασία** (θηλ.)	[prostasía]
proteggere (~ la natura)	**προστατεύω**	[prostatévo]
bracconiere (m)	**λαθροθήρας** (αρ.)	[lʲaθroθíras]
tagliola (f) (~ per orsi)	**δόκανο** (ουδ.)	[ðókano]

raccogliere (vt)	**μαζεύω**	[mazévo]
perdersi (vr)	**χάνομαι**	[xánome]

84. Risorse naturali

risorse (f pl) naturali	**φυσικοί πόροι** (αρ.πλ.)	[fisikí póri]
minerali (m pl)	**ορυκτά** (ουδ.πλ.)	[oriktá]
deposito (m) (~ di carbone)	**κοιτάσματα** (ουδ.πλ.)	[kitázmata]
giacimento (m) (~ petrolifero)	**κοίτασμα** (ουδ.)	[kítazma]

estrarre (vt)	**εξορύσσω**	[eksoríso]
estrazione (f)	**εξόρυξη** (θηλ.)	[eksóriksi]
minerale (m) grezzo	**μετάλλευμα** (ουδ.)	[metálevma]
miniera (f)	**μεταλλείο, ορυχείο** (ουδ.)	[metalío], [orixío]
pozzo (m) di miniera	**φρεάτιο ορυχείου** (ουδ.)	[freátio orixíu]
minatore (m)	**ανθρακωρύχος** (αρ.)	[anθrakoríxos]

gas (m)	**αέριο** (ουδ.)	[aério]
gasdotto (m)	**αγωγός αερίου** (αρ.)	[aɣoɣós aeríu]

petrolio (m)	**πετρέλαιο** (ουδ.)	[petréleo]
oleodotto (m)	**πετρελαιαγωγός** (αρ.)	[petreleaɣoɣós]
torre (f) di estrazione	**πετρελαιοπηγή** (θηλ.)	[petreleopiʝí]
torre (f) di trivellazione	**πύργος διατρήσεων** (αρ.)	[píɾɣos ðiatríseon]
petroliera (f)	**τάνκερ** (ουδ.)	[tánker]

sabbia (f)	**άμμος** (θηλ.)	[ámos]
calcare (m)	**ασβεστόλιθος** (αρ.)	[asvestóliθos]
ghiaia (f)	**χαλίκι** (ουδ.)	[xalíki]
torba (f)	**τύρφη** (θηλ.)	[tírfi]
argilla (f)	**πηλός** (αρ.)	[pilʲós]
carbone (m)	**γαιάνθρακας** (αρ.)	[ɣeánθrakas]

ferro (m)	**σιδηρομετάλλευμα** (ουδ.)	[siðirometálevma]
oro (m)	**χρυσάφι** (ουδ.)	[xrisáfi]
argento (m)	**ασήμι** (ουδ.)	[asími]
nichel (m)	**νικέλιο** (ουδ.)	[nikélio]
rame (m)	**χαλκός** (αρ.)	[xalʲkós]
zinco (m)	**ψευδάργυρος** (αρ.)	[psevðárʝiros]

manganese (m)	μαγγάνιο (ουδ.)	[mangánio]
mercurio (m)	υδράργυρος (αρ.)	[iðrárjiros]
piombo (m)	μόλυβδος (αρ.)	[mólivðos]
minerale (m)	ορυκτό (ουδ.)	[oriktó]
cristallo (m)	κρύσταλλος (αρ.)	[krístalʲos]
marmo (m)	μάρμαρο (ουδ.)	[mármaro]
uranio (m)	ουράνιο (ουδ.)	[uránio]

85. Tempo

tempo (m)	καιρός (αρ.)	[kerós]
previsione (f) del tempo	πρόγνωση καιρού (θηλ.)	[próɣnosi kerú]
temperatura (f)	θερμοκρασία (θηλ.)	[θermokrasía]
termometro (m)	θερμόμετρο (ουδ.)	[θermómetro]
barometro (m)	βαρόμετρο (ουδ.)	[varómetro]
umidità (f)	υγρασία (θηλ.)	[iɣrasía]
caldo (m), afa (f)	ζέστη (θηλ.)	[zésti]
molto caldo (agg)	ζεστός, καυτός	[zestós], [kaftós]
fa molto caldo	κάνει ζέστη	[káni zésti]
fa caldo	κάνει ζέστη	[káni zésti]
caldo, mite (agg)	ζεστός	[zestós]
fa freddo	κάνει κρύο	[káni krío]
freddo (agg)	κρύος	[kríos]
sole (m)	ήλιος (αρ.)	[ílios]
splendere (vi)	λάμπω	[lʲámbo]
di sole (una giornata ~)	ηλιόλουστος	[iliólʲustos]
sorgere, levarsi (vr)	ανατέλλω	[anatélʲo]
tramontare (vi)	δύω	[ðío]
nuvola (f)	σύννεφο (ουδ.)	[sínefo]
nuvoloso (agg)	συννεφιασμένος	[sinefiazménos]
nube (f) di pioggia	μαύρο σύννεφο (ουδ.)	[mávro sínefo]
nuvoloso (agg)	συννεφιασμένος	[sinefiazménos]
pioggia (f)	βροχή (θηλ.)	[vroxí]
piove	βρέχει	[vréxi]
piovoso (agg)	βροχερός	[vroxerós]
piovigginare (vi)	ψιχαλίζει	[psixalízi]
pioggia (f) torrenziale	δυνατή βροχή (θηλ.)	[ðinatí vroxí]
acquazzone (m)	νεροποντή (θηλ.)	[neropondí]
forte (una ~ pioggia)	δυνατός	[ðinatós]
pozzanghera (f)	λακκούβα (θηλ.)	[lʲakúva]
bagnarsi (~ sotto la pioggia)	βρέχομαι	[vréxome]

foschia (f), nebbia (f)	**ομίχλη** (θηλ.)	[omíxli]
nebbioso (agg)	**ομιχλώδης**	[omixlʲóðis]
neve (f)	**χιόνι** (ουδ.)	[xóni]
nevica	**χιονίζει**	[xonízi]

86. Rigide condizioni metereologiche. Disastri naturali

temporale (m)	**καταιγίδα** (θηλ.)	[katej̯íða]
fulmine (f)	**αστραπή** (θηλ.)	[astrapí]
lampeggiare (vi)	**αστράπτω**	[astrápto]
tuono (m)	**βροντή** (θηλ.)	[vrondí]
tuonare (vi)	**βροντάω**	[vrondáo]
tuona	**βροντάει**	[vrondái]
grandine (f)	**χαλάζι** (ουδ.)	[xalʲázi]
grandina	**ρίχνει χαλάζι**	[ríxni xalʲázi]
inondare (vt)	**πλημμυρίζω**	[plimirízo]
inondazione (f)	**πλημμύρα** (θηλ.)	[plimíra]
terremoto (m)	**σεισμός** (αρ.)	[sizmós]
scossa (f)	**δόνηση** (θηλ.)	[ðónisi]
epicentro (m)	**επίκεντρο** (ουδ.)	[epíkendro]
eruzione (f)	**έκρηξη** (θηλ.)	[ékriksi]
lava (f)	**λάβα** (θηλ.)	[lʲáva]
tromba (f) d'aria	**ανεμοστρόβιλος** (αρ.)	[anemostróvilʲos]
tornado (m)	**σίφουνας** (αρ.)	[sífunas]
tifone (m)	**τυφώνας** (αρ.)	[tifónas]
uragano (m)	**τυφώνας** (αρ.)	[tifónas]
tempesta (f)	**καταιγίδα** (θηλ.)	[katej̯íða]
tsunami (m)	**τσουνάμι** (ουδ.)	[tsunámi]
ciclone (m)	**κυκλώνας** (αρ.)	[kiklʲónas]
maltempo (m)	**κακοκαιρία** (θηλ.)	[kakokería]
incendio (m)	**φωτιά, πυρκαγιά** (θηλ.)	[fotiá], [pirkaj̯á]
disastro (m)	**καταστροφή** (θηλ.)	[katastrofí]
meteorite (m)	**μετεωρίτης** (αρ.)	[meteorítis]
valanga (f)	**χιονοστιβάδα** (θηλ.)	[xonostiváða]
slavina (f)	**χιονοστιβάδα** (θηλ.)	[xonostiváða]
tempesta (f) di neve	**χιονοθύελλα** (θηλ.)	[xonoθíelʲa]
bufera (f) di neve	**χιονοθύελλα** (θηλ.)	[xonoθíelʲa]

FAUNA

T&P Books Publishing

87. Mammiferi. Predatori

predatore (m)	**θηρευτής** (ουδ.)	[θireftís]
tigre (f)	**τίγρη** (θηλ.), **τίγρης** (αρ.)	[tíɣri], [tíɣris]
leone (m)	**λιοντάρι** (ουδ.)	[liondári]
lupo (m)	**λύκος** (αρ.)	[líkos]
volpe (m)	**αλεπού** (θηλ.)	[alepú]
giaguaro (m)	**ιαγουάρος** (αρ.)	[jaɣuáros]
leopardo (m)	**λεοπάρδαλη** (θηλ.)	[leopárðali]
ghepardo (m)	**γατόπαρδος** (αρ.)	[ɣatóparðos]
pantera (f)	**πάνθηρας** (αρ.)	[pánθiras]
puma (f)	**πούμα** (ουδ.)	[púma]
leopardo (m) delle nevi	**λεοπάρδαλη** (θηλ.) **των χιόνων**	[leopárðali ton xiónon]
lince (f)	**λύγκας** (αρ.)	[língas]
coyote (m)	**κογιότ** (ουδ.)	[koʝiót]
sciacallo (m)	**τσακάλι** (ουδ.)	[tsakáli]
iena (f)	**ύαινα** (θηλ.)	[íena]

88. Animali selvatici

animale (m)	**ζώο** (ουδ.)	[zóo]
bestia (f)	**θηρίο** (ουδ.)	[θirío]
scoiattolo (m)	**σκίουρος** (αρ.)	[skíuros]
riccio (m)	**σκαντζόχοιρος** (αρ.)	[skandzóxiros]
lepre (f)	**λαγός** (αρ.)	[lʲaɣós]
coniglio (m)	**κουνέλι** (ουδ.)	[kunéli]
tasso (m)	**ασβός** (αρ.)	[azvós]
procione (f)	**ρακούν** (ουδ.)	[rakún]
criceto (m)	**χάμστερ** (ουδ.)	[xámster]
marmotta (f)	**μυωξός** (αρ.)	[mioksós]
talpa (f)	**τυφλοπόντικας** (αρ.)	[tiflʲopóndikas]
topo (m)	**ποντίκι** (ουδ.)	[pondíki]
ratto (m)	**αρουραίος** (αρ.)	[aruréos]
pipistrello (m)	**νυχτερίδα** (θηλ.)	[nixteríða]
ermellino (m)	**ερμίνα** (θηλ.)	[ermína]
zibellino (m)	**σαμούρι** (ουδ.)	[samúri]

martora (f)	**κουνάβι** (ουδ.)	[kunávi]
donnola (f)	**νυφίτσα** (θηλ.)	[nifítsa]
visone (m)	**βιζόν** (ουδ.)	[vizón]
castoro (m)	**κάστορας** (αρ.)	[kástoras]
lontra (f)	**ενυδρίδα** (θηλ.)	[eniðríða]
cavallo (m)	**άλογο** (ουδ.)	[álʲoγo]
alce (m)	**άλκη** (θηλ.)	[álʲki]
cervo (m)	**ελάφι** (ουδ.)	[elʲáfi]
cammello (m)	**καμήλα** (θηλ.)	[kamílʲa]
bisonte (m) americano	**βίσονας** (αρ.)	[vísonas]
bisonte (m) europeo	**βόνασος** (αρ.)	[vónasos]
bufalo (m)	**βούβαλος** (αρ.)	[vúvalʲos]
zebra (f)	**ζέβρα** (θηλ.)	[zévra]
antilope (f)	**αντιλόπη** (θηλ.)	[andilʲópi]
capriolo (m)	**ζαρκάδι** (ουδ.)	[zarkáði]
daino (m)	**ντάμα ντάμα** (ουδ.)	[dáma dáma]
camoscio (m)	**αγριόγιδο** (ουδ.)	[aγrióγiðo]
cinghiale (m)	**αγριογούρουνο** (αρ.)	[aγrioγúruno]
balena (f)	**φάλαινα** (θηλ.)	[fálena]
foca (f)	**φώκια** (θηλ.)	[fókia]
tricheco (m)	**θαλάσσιος ίππος** (αρ.)	[θalʲásios ípos]
otaria (f)	**γουνοφόρα φώκια** (θηλ.)	[γunofóra fóka]
delfino (m)	**δελφίνι** (ουδ.)	[ðelʲfíni]
orso (m)	**αρκούδα** (θηλ.)	[arkúða]
orso (m) bianco	**πολική αρκούδα** (θηλ.)	[polikí arkúða]
panda (m)	**πάντα** (ουδ.)	[pánda]
scimmia (f)	**μαϊμού** (θηλ.)	[majmú]
scimpanzè (m)	**χιμπαντζής** (ουδ.)	[xibadzís]
orango (m)	**ουραγκοτάγκος** (αρ.)	[urangotángos]
gorilla (m)	**γορίλας** (αρ.)	[γorílʲas]
macaco (m)	**μακάκας** (αρ.)	[makákas]
gibbone (m)	**γίββωνας** (αρ.)	[ɟívonas]
elefante (m)	**ελέφαντας** (αρ.)	[eléfandas]
rinoceronte (m)	**ρινόκερος** (αρ.)	[rinókeros]
giraffa (f)	**καμηλοπάρδαλη** (θηλ.)	[kamilʲopárðali]
ippopotamo (m)	**ιπποπόταμος** (αρ.)	[ipopótamos]
canguro (m)	**καγκουρό** (ουδ.)	[kanguró]
koala (m)	**κοάλα** (ουδ.)	[koálʲa]
mangusta (f)	**μαγκούστα** (θηλ.)	[mangústa]
cincillà (f)	**τσιντσιλά** (ουδ.)	[tsintsilʲá]
moffetta (f)	**μεφίτιδα** (θηλ.)	[mefítiða]
istrice (m)	**ακανθόχοιρος** (αρ.)	[akanθóxiros]

89. Animali domestici

gatta (f)	**γάτα** (θηλ.)	[ɣáta]
gatto (m)	**γάτος** (αρ.)	[ɣátos]
cane (m)	**σκύλος** (αρ.)	[skílʲos]
cavallo (m)	**άλογο** (ουδ.)	[álʲoɣo]
stallone (m)	**επιβήτορας** (αρ.)	[epivítoras]
giumenta (f)	**φοράδα** (θηλ.)	[foráða]
mucca (f)	**αγελάδα** (θηλ.)	[ajelʲáða]
toro (m)	**ταύρος** (αρ.)	[távros]
bue (m)	**βόδι** (ουδ.)	[vóði]
pecora (f)	**πρόβατο** (ουδ.)	[próvato]
montone (m)	**κριάρι** (ουδ.)	[kriári]
capra (f)	**κατσίκα, γίδα** (θηλ.)	[katsíka], [jíða]
caprone (m)	**τράγος** (αρ.)	[tráɣos]
asino (m)	**γάιδαρος** (αρ.)	[ɣáiðaros]
mulo (m)	**μουλάρι** (ουδ.)	[mulʲári]
porco (m)	**γουρούνι** (ουδ.)	[ɣurúni]
porcellino (m)	**γουρουνάκι** (ουδ.)	[ɣurunáki]
coniglio (m)	**κουνέλι** (ουδ.)	[kunéli]
gallina (f)	**κότα** (θηλ.)	[kóta]
gallo (m)	**πετεινός, κόκορας** (αρ.)	[petinós], [kókoras]
anatra (f)	**πάπια** (θηλ.)	[pápia]
maschio (m) dell'anatra	**αρσενική πάπια** (θηλ.)	[arsenikí pápia]
oca (f)	**χήνα** (θηλ.)	[xína]
tacchino (m)	**γάλος** (αρ.)	[ɣálʲos]
tacchina (f)	**γαλοπούλα** (θηλ.)	[ɣalʲopúlʲa]
animali (m pl) domestici	**κατοικίδια** (ουδ.πλ.)	[katikíðia]
addomesticato (agg)	**κατοικίδιος**	[katikíðios]
addomesticare (vt)	**δαμάζω**	[ðamázo]
allevare (vt)	**εκτρέφω**	[ektréfo]
fattoria (f)	**αγρόκτημα** (ουδ.)	[aɣróktima]
pollame (m)	**πουλερικό** (ουδ.)	[pulerikó]
bestiame (m)	**βοοειδή** (ουδ.πλ.)	[vooiðí]
branco (m), mandria (f)	**κοπάδι** (ουδ.)	[kopáði]
scuderia (f)	**στάβλος** (αρ.)	[stávlʲos]
porcile (m)	**χοιροστάσιο** (ουδ.)	[xirostásio]
stalla (f)	**βουστάσιο** (ουδ.)	[vustásio]
conigliera (f)	**κλουβί κουνελιού** (ουδ.)	[klʲuví kuneliú]
pollaio (m)	**κοτέτσι** (ουδ.)	[kotétsi]

90. Uccelli

uccello (m)	**πουλί** (ουδ.)	[pulí]
colombo (m), piccione (m)	**περιστέρι** (ουδ.)	[peristéri]
passero (m)	**σπουργίτι** (ουδ.)	[spurʝíti]
cincia (f)	**καλόγερος** (αρ.)	[kalʲóʝeros]
gazza (f)	**καρακάξα** (θηλ.)	[karakáksa]
corvo (m)	**κόρακας** (αρ.)	[kórakas]
cornacchia (f)	**κουρούνα** (θηλ.)	[kurúna]
taccola (f)	**κάργα** (θηλ.)	[kárɣa]
corvo (m) nero	**χαβαρόνι** (ουδ.)	[xavaróni]
anatra (f)	**πάπια** (θηλ.)	[pápia]
oca (f)	**χήνα** (θηλ.)	[xína]
fagiano (m)	**φασιανός** (αρ.)	[fasianós]
aquila (f)	**αετός** (αρ.)	[aetós]
astore (m)	**γεράκι** (ουδ.)	[ʝeráki]
falco (m)	**γεράκι** (ουδ.)	[ʝeráki]
grifone (m)	**γύπας** (αρ.)	[ʝípas]
condor (m)	**κόνδορας** (αρ.)	[kónðoras]
cigno (m)	**κύκνος** (αρ.)	[kíknos]
gru (f)	**γερανός** (αρ.)	[ʝeranós]
cicogna (f)	**πελαργός** (αρ.)	[pelʲarɣós]
pappagallo (m)	**παπαγάλος** (αρ.)	[papaɣálʲos]
colibrì (m)	**κολιμπρί** (ουδ.)	[kolibrí]
pavone (m)	**παγόνι** (ουδ.)	[paɣóni]
struzzo (m)	**στρουθοκάμηλος** (αρ.)	[struθokámilʲos]
airone (m)	**τσικνιάς** (αρ.)	[tsikniás]
fenicottero (m)	**φλαμίγκο** (ουδ.)	[flʲamíngo]
pellicano (m)	**πελεκάνος** (αρ.)	[pelekános]
usignolo (m)	**αηδόνι** (ουδ.)	[aiðóni]
rondine (f)	**χελιδόνι** (ουδ.)	[xeliðóni]
tordo (m)	**τσίχλα** (θηλ.)	[tsíxlʲa]
tordo (m) sasello	**κελαηδότσιχλα** (θηλ.)	[kelaiðótsixlʲa]
merlo (m)	**κοτσύφι** (ουδ.)	[kotsífi]
rondone (m)	**σταχτάρα** (θηλ.)	[staxtára]
allodola (f)	**κορυδαλλός** (αρ.)	[koriðalʲós]
quaglia (f)	**ορτύκι** (ουδ.)	[ortíki]
picchio (m)	**δρυοκολάπτης** (αρ.)	[ðriokolʲáptis]
cuculo (m)	**κούκος** (αρ.)	[kúkos]
civetta (f)	**κουκουβάγια** (θηλ.)	[kukuváʝa]
gufo (m) reale	**μπούφος** (αρ.)	[búfos]

urogallo (m)	**αγριόκουρκος** (αρ.)	[aɣriókurkos]
fagiano (m) di monte	**λυροπετεινός** (αρ.)	[liropetinós]
pernice (f)	**πέρδικα** (θηλ.)	[pérðika]
storno (m)	**ψαρόνι** (ουδ.)	[psaróni]
canarino (m)	**καναρίνι** (ουδ.)	[kanaríni]
francolino (m) di monte	**αγριόκοτα** (θηλ.)	[aɣriókota]
fringuello (m)	**σπίνος** (αρ.)	[spínos]
ciuffolotto (m)	**πύρρουλα** (αρ.)	[pírulʲa]
gabbiano (m)	**γλάρος** (αρ.)	[ɣlʲáros]
albatro (m)	**άλμπατρος** (ουδ.)	[álʲbatros]
pinguino (m)	**πιγκουίνος** (αρ.)	[pinguínos]

91. Pesci. Animali marini

abramide (f)	**αβραμίδα** (θηλ.)	[avramíða]
carpa (f)	**κυπρίνος** (αρ.)	[kiprínos]
perca (f)	**πέρκα** (θηλ.)	[pérka]
pesce (m) gatto	**γουλιανός** (αρ.)	[ɣulianós]
luccio (m)	**λούτσος** (αρ.)	[lʲútsos]
salmone (m)	**σολομός** (αρ.)	[solʲomós]
storione (m)	**οξύρυγχος** (αρ.)	[oksírinxos]
aringa (f)	**ρέγγα** (θηλ.)	[rénga]
salmone (m)	**σολομός του Ατλαντικού** (αρ.)	[solʲomós tu atlʲandikú]
scombro (m)	**σκουμπρί** (ουδ.)	[skumbrí]
sogliola (f)	**πλατύψαρο** (ουδ.)	[plʲatípsaro]
lucioperca (f)	**ποταμολάβρακο** (ουδ.)	[potamolʲávrako]
merluzzo (m)	**μπακαλιάρος** (αρ.)	[bakaliáros]
tonno (m)	**τόνος** (αρ.)	[tónos]
trota (f)	**πέστροφα** (θηλ.)	[péstrofa]
anguilla (f)	**χέλι** (ουδ.)	[xéli]
torpedine (f)	**μουδιάστρα** (θηλ.)	[muðiástra]
murena (f)	**σμέρνα** (θηλ.)	[zmérna]
piranha (f)	**πιράνχας** (ουδ.)	[piránxas]
squalo (m)	**καρχαρίας** (αρ.)	[karxarías]
delfino (m)	**δελφίνι** (ουδ.)	[ðelʲfíni]
balena (f)	**φάλαινα** (θηλ.)	[fálena]
granchio (m)	**καβούρι** (ουδ.)	[kavúri]
medusa (f)	**μέδουσα** (θηλ.)	[méðusa]
polpo (m)	**χταπόδι** (ουδ.)	[xtapóði]
stella (f) marina	**αστερίας** (αρ.)	[asterías]
riccio (m) di mare	**αχινός** (αρ.)	[axinós]

cavalluccio (m) marino	**ιππόκαμπος** (αρ.)	[ipókambos]
ostrica (f)	**στρείδι** (ουδ.)	[stríði]
gamberetto (m)	**γαρίδα** (θηλ.)	[ɣaríða]
astice (m)	**αστακός** (αρ.)	[astakós]
aragosta (f)	**ακανθωτός αστακός** (αρ.)	[akanθotós astakós]

92. Anfibi. Rettili

serpente (m)	**φίδι** (ουδ.)	[fíði]
velenoso (agg)	**δηλητηριώδης**	[ðilitirióðis]
vipera (f)	**οχιά** (θηλ.)	[oxiá]
cobra (m)	**κόμπρα** (θηλ.)	[kóbra]
pitone (m)	**πύθωνας** (αρ.)	[píθonas]
boa (m)	**βόας** (αρ.)	[vóas]
biscia (f)	**νερόφιδο** (ουδ.)	[nerófiðo]
serpente (m) a sonagli	**κροταλίας** (αρ.)	[krotalías]
anaconda (f)	**ανακόντα** (θηλ.)	[anakónda]
lucertola (f)	**σαύρα** (θηλ.)	[sávra]
iguana (f)	**ιγκουάνα** (θηλ.)	[iguána]
varano (m)	**βαράνος** (αρ.)	[varános]
salamandra (f)	**σαλαμάντρα** (θηλ.)	[salʲamándra]
camaleonte (m)	**χαμαιλέοντας** (αρ.)	[xameléondas]
scorpione (m)	**σκορπιός** (αρ.)	[skorpiós]
tartaruga (f)	**χελώνα** (θηλ.)	[xelʲóna]
rana (f)	**βάτραχος** (αρ.)	[vátraxos]
rospo (m)	**φρύνος** (αρ.)	[frínos]
coccodrillo (m)	**κροκόδειλος** (αρ.)	[krokóðilʲos]

93. Insetti

insetto (m)	**έντομο** (ουδ.)	[éndomo]
farfalla (f)	**πεταλούδα** (θηλ.)	[petalʲúða]
formica (f)	**μυρμήγκι** (ουδ.)	[mirmíngi]
mosca (f)	**μύγα** (θηλ.)	[míɣa]
zanzara (f)	**κουνούπι** (ουδ.)	[kunúpi]
scarabeo (m)	**σκαθάρι** (ουδ.)	[skaθári]
vespa (f)	**σφήκα** (θηλ.)	[sfíka]
ape (f)	**μέλισσα** (θηλ.)	[mélisa]
bombo (m)	**βομβίνος** (αρ.)	[vomvínos]
tafano (m)	**οίστρος** (αρ.)	[ístros]
ragno (m)	**αράχνη** (θηλ.)	[aráxni]
ragnatela (f)	**ιστός αράχνης** (αρ.)	[istós aráxnis]

libellula (f)	**λιβελούλα** (θηλ.)	[livelʲúlʲa]
cavalletta (f)	**ακρίδα** (θηλ.)	[akríða]
farfalla (f) notturna	**νυχτοπεταλούδα** (θηλ.)	[nixtopetalʲúða]
scarafaggio (m)	**κατσαρίδα** (θηλ.)	[katsaríða]
zecca (f)	**ακάρι** (ουδ.)	[akári]
pulce (f)	**ψύλλος** (αρ.)	[psílʲos]
moscerino (m)	**μυγάκι** (ουδ.)	[miɣáki]
locusta (f)	**ακρίδα** (θηλ.)	[akríða]
lumaca (f)	**σαλιγκάρι** (ουδ.)	[salingári]
grillo (m)	**γρύλος** (αρ.)	[ɣrílʲos]
lucciola (f)	**πυγολαμπίδα** (θηλ.)	[piɣolʲambíða]
coccinella (f)	**πασχαλίτσα** (θηλ.)	[pasxalítsa]
maggiolino (m)	**μηλολόνθη** (θηλ.)	[milʲolʲónθi]
sanguisuga (f)	**βδέλλα** (θηλ.)	[vðélʲa]
bruco (m)	**κάμπια** (θηλ.)	[kámbia]
verme (m)	**σκουλήκι** (ουδ.)	[skulíki]
larva (f)	**σκώληκας** (αρ.)	[skólikas]

FLORA

T&P Books Publishing

94. Alberi

albero (m)	**δέντρο** (ουδ.)	[ðéndro]
deciduo (agg)	**φυλλοβόλος**	[filʲovólʲos]
conifero (agg)	**κωνοφόρος**	[konofóros]
sempreverde (agg)	**αειθαλής**	[aiθalís]
melo (m)	**μηλιά** (θηλ.)	[miliá]
pero (m)	**αχλαδιά** (θηλ.)	[axlʲaðiá]
ciliegio (m)	**κερασιά** (θηλ.)	[kerasiá]
amareno (m)	**βυσσινιά** (θηλ.)	[visiniá]
prugno (m)	**δαμασκηνιά** (θηλ.)	[ðamaskiniá]
betulla (f)	**σημύδα** (θηλ.)	[simíða]
quercia (f)	**βελανιδιά** (θηλ.)	[velʲaniðiá]
tiglio (m)	**φλαμουριά** (θηλ.)	[flʲamuriá]
pioppo (m) tremolo	**λεύκα** (θηλ.)	[léfka]
acero (m)	**σφεντάμι** (ουδ.)	[sfendámi]
abete (m)	**έλατο** (ουδ.)	[élʲato]
pino (m)	**πεύκο** (ουδ.)	[péfko]
larice (m)	**λάριξ** (θηλ.)	[lʲáriks]
abete (m) bianco	**ελάτη** (θηλ.)	[elʲáti]
cedro (m)	**κέδρος** (αρ.)	[kéðros]
pioppo (m)	**λεύκα** (θηλ.)	[léfka]
sorbo (m)	**σουρβιά** (θηλ.)	[surviá]
salice (m)	**ιτιά** (θηλ.)	[itiá]
alno (m)	**σκλήθρα** (θηλ.)	[sklíθra]
faggio (m)	**οξιά** (θηλ.)	[oksiá]
olmo (m)	**φτελιά** (θηλ.)	[fteliá]
frassino (m)	**μέλεγος** (αρ.)	[méleɣos]
castagno (m)	**καστανιά** (θηλ.)	[kastaniá]
magnolia (f)	**μανόλια** (θηλ.)	[manólia]
palma (f)	**φοίνικας** (αρ.)	[fínikas]
cipresso (m)	**κυπαρίσσι** (ουδ.)	[kiparísi]
mangrovia (f)	**μανγκρόβιο** (ουδ.)	[mangróvio]
baobab (m)	**μπάομπαμπ** (ουδ.)	[báobab]
eucalipto (m)	**ευκάλυπτος** (αρ.)	[efkáliptos]
sequoia (f)	**σεκόγια** (θηλ.)	[sekója]

95. Arbusti

cespuglio (m)	**θάμνος** (αρ.)	[θámnos]
arbusto (m)	**θάμνος** (αρ.)	[θámnos]
vite (f)	**αμπέλι** (ουδ.)	[ambéli]
vigneto (m)	**αμπέλι** (ουδ.)	[ambéli]
lampone (m)	**σμεουριά** (θηλ.)	[zmeuriá]
ribes (m) rosso	**κόκκινο φραγκοστάφυλο** (ουδ.)	[kókino frangostáfilʲo]
uva (f) spina	**λαγοκέρασο** (ουδ.)	[lʲaɣokéraso]
acacia (f)	**ακακία** (θηλ.)	[akakía]
crespino (m)	**βερβερίδα** (θηλ.)	[ververíða]
gelsomino (m)	**γιασεμί** (ουδ.)	[ʝasemí]
ginepro (m)	**άρκευθος** (θηλ.)	[árkefθos]
roseto (m)	**τριανταφυλλιά** (θηλ.)	[triandafiliá]
rosa (f) canina	**αγριοτριανταφυλλιά** (θηλ.)	[aɣriotriandafiliá]

96. Frutti. Bacche

mela (f)	**μήλο** (ουδ.)	[mílʲo]
pera (f)	**αχλάδι** (ουδ.)	[axlʲáði]
prugna (f)	**δαμάσκηνο** (ουδ.)	[ðamáskino]
fragola (f)	**φράουλα** (θηλ.)	[fráulʲa]
amarena (f)	**βύσσινο** (ουδ.)	[vísino]
ciliegia (f)	**κεράσι** (ουδ.)	[kerási]
uva (f)	**σταφύλι** (ουδ.)	[stafíli]
lampone (m)	**σμέουρο** (ουδ.)	[zméuro]
ribes (m) nero	**μαύρο φραγκοστάφυλο** (ουδ.)	[mávro frangostáfilʲo]
ribes (m) rosso	**κόκκινο φραγκοστάφυλο** (ουδ.)	[kókino frangostáfilʲo]
uva (f) spina	**λαγοκέρασο** (ουδ.)	[lʲaɣokéraso]
mirtillo (m) di palude	**κράνμπερι** (ουδ.)	[kránberi]
arancia (f)	**πορτοκάλι** (ουδ.)	[portokáli]
mandarino (m)	**μανταρίνι** (ουδ.)	[mandaríni]
ananas (m)	**ανανάς** (αρ.)	[ananás]
banana (f)	**μπανάνα** (θηλ.)	[banána]
dattero (m)	**χουρμάς** (αρ.)	[xurmás]
limone (m)	**λεμόνι** (ουδ.)	[lemóni]
albicocca (f)	**βερίκοκο** (ουδ.)	[veríkoko]
pesca (f)	**ροδάκινο** (ουδ.)	[roðákino]

kiwi (m)	**ακτινίδιο** (ουδ.)	[aktiníðio]
pompelmo (m)	**γκρέιπφρουτ** (ουδ.)	[gréjpfrut]
bacca (f)	**μούρο** (ουδ.)	[múro]
bacche (f pl)	**μούρα** (ουδ.πλ.)	[múra]
fragola (f) di bosco	**χαμοκέρασο** (ουδ.)	[kxamokéraso]
mirtillo (m)	**μύρτιλλο** (ουδ.)	[mírtilʲo]

97. Fiori. Piante

fiore (m)	**λουλούδι** (ουδ.)	[lʲulʲúði]
mazzo (m) di fiori	**ανθοδέσμη** (θηλ.)	[anθoðézmi]
rosa (f)	**τριαντάφυλλο** (ουδ.)	[triandáfilʲo]
tulipano (m)	**τουλίπα** (θηλ.)	[tulípa]
garofano (m)	**γαρίφαλο** (ουδ.)	[ɣarífalʲo]
gladiolo (m)	**γλαδιόλα** (θηλ.)	[ɣlʲaðiólʲa]
fiordaliso (m)	**κενταύρια** (θηλ.)	[kentávria]
campanella (f)	**καμπανούλα** (θηλ.)	[kampanúlʲa]
soffione (m)	**ταραξάκο** (ουδ.)	[taraksáko]
camomilla (f)	**χαμομήλι** (ουδ.)	[xamomíli]
aloe (m)	**αλόη** (θηλ.)	[alʲói]
cactus (m)	**κάκτος** (αρ.)	[káktos]
ficus (m)	**φίκος** (αρ.)	[fíkos]
giglio (m)	**κρίνος** (αρ.)	[krínos]
geranio (m)	**γεράνι** (ουδ.)	[ʝeráni]
giacinto (m)	**υάκινθος** (αρ.)	[iákinθos]
mimosa (f)	**μιμόζα** (θηλ.)	[mimóza]
narciso (m)	**νάρκισσος** (αρ.)	[nárkisos]
nasturzio (m)	**καπουτσίνος** (αρ.)	[kaputsínos]
orchidea (f)	**ορχιδέα** (θηλ.)	[orxiðéa]
peonia (f)	**παιώνια** (θηλ.)	[peónia]
viola (f)	**μενεξές** (αρ.), **βιολέτα** (θηλ.)	[meneksés], [violéta]
viola (f) del pensiero	**βιόλα η τρίχρωμη** (θηλ.)	[viólʲa i tríxromi]
nontiscordardimé (m)	**μη-με-λησμόνει** (ουδ.)	[mi-me-lizmóni]
margherita (f)	**μαργαρίτα** (θηλ.)	[marɣaríta]
papavero (m)	**παπαρούνα** (θηλ.)	[paparúna]
canapa (f)	**κάνναβη** (θηλ.)	[kánavi]
menta (f)	**μέντα** (θηλ.)	[ménda]
mughetto (m)	**μιγκέ** (ουδ.)	[mingé]
bucaneve (m)	**γάλανθος ο χιονώδης** (αρ.)	[ɣálʲanθos oxonóðis]

ortica (f)	**τσουκνίδα** (θηλ.)	[tsukníða]
acetosa (f)	**λάπαθο** (ουδ.)	[lʲápaθo]
ninfea (f)	**νούφαρο** (ουδ.)	[núfaro]
felce (f)	**φτέρη** (θηλ.)	[ftéri]
lichene (m)	**λειχήνα** (θηλ.)	[lixína]
serra (f)	**θερμοκήπιο** (ουδ.)	[θermokípio]
prato (m) erboso	**γκαζόν** (ουδ.)	[gazón]
aiuola (f)	**παρτέρι** (ουδ.)	[partéri]
pianta (f)	**φυτό** (ουδ.)	[fitó]
erba (f)	**χορτάρι** (ουδ.)	[xortári]
filo (m) d'erba	**χορταράκι** (ουδ.)	[xortaráki]
foglia (f)	**φύλλο** (ουδ.)	[fílʲo]
petalo (m)	**πέταλο** (ουδ.)	[pétalʲo]
stelo (m)	**βλαστός** (αρ.)	[vlʲastós]
tubero (m)	**βολβός** (αρ.)	[volʲvós]
germoglio (m)	**βλαστάρι** (ουδ.)	[vlʲastári]
spina (f)	**αγκάθι** (ουδ.)	[angáθi]
fiorire (vi)	**ανθίζω**	[anθízo]
appassire (vi)	**ξεραίνομαι**	[kserénome]
odore (m), profumo (m)	**μυρωδιά** (θηλ.)	[miroðiá]
tagliare (~ i fiori)	**κόβω**	[kóvo]
cogliere (vt)	**μαζεύω**	[mazévo]

98. Cereali, granaglie

grano (m)	**σιτηρά** (ουδ.πλ.)	[sitirá]
cereali (m pl)	**δημητριακών** (ουδ.πλ.)	[ðimitriakón]
spiga (f)	**στάχυ** (ουδ.)	[stáxi]
frumento (m)	**σιτάρι** (ουδ.)	[sitári]
segale (f)	**σίκαλη** (θηλ.)	[síkali]
avena (f)	**βρώμη** (θηλ.)	[vrómi]
miglio (m)	**κεχρί** (ουδ.)	[kexrí]
orzo (m)	**κριθάρι** (ουδ.)	[kriθári]
mais (m)	**καλαμπόκι** (ουδ.)	[kalʲambóki]
riso (m)	**ρύζι** (ουδ.)	[rízi]
grano (m) saraceno	**μαυροσίταρο** (ουδ.)	[mavrosítaro]
pisello (m)	**αρακάς** (αρ.), **μπιζελιά** (θηλ.)	[arakás], [bizeliá]
fagiolo (m)	**κόκκινο φασόλι** (ουδ.)	[kókino fasóli]
soia (f)	**σόγια** (θηλ.)	[sója]
lenticchie (f pl)	**φακή** (θηλ.)	[fakí]
fave (f pl)	**κουκί** (ουδ.)	[kukí]

PAESI

T&P Books Publishing

99. Paesi. Parte 1

Afghanistan (m)	**Αφγανιστάν** (ουδ.)	[afɣanistán]
Albania (f)	**Αλβανία** (θηλ.)	[alʲvanía]
Arabia Saudita (f)	**Σαουδική Αραβία** (θηλ.)	[sauðikí aravia]
Argentina (f)	**Αργεντινή** (θηλ.)	[arʝendiní]
Armenia (f)	**Αρμενία** (θηλ.)	[armenía]
Australia (f)	**Αυστραλία** (θηλ.)	[afstralía]
Austria (f)	**Αυστρία** (θηλ.)	[afstría]
Azerbaigian (m)	**Αζερμπαϊτζάν** (ουδ.)	[azerbajdzán]
Le Bahamas	**Μπαχάμες** (θηλ.πλ.)	[baxámes]
Bangladesh (m)	**Μπαγκλαντές** (ουδ.)	[banglʲadés]
Belgio (m)	**Βέλγιο** (ουδ.)	[vélʲʝo]
Bielorussia (f)	**Λευκορωσία** (θηλ.)	[lefkorosía]
Birmania (f)	**Μιανμάρ** (ουδ.)	[mianmár]
Bolivia (f)	**Βολιβία** (θηλ.)	[volivía]
Bosnia-Erzegovina (f)	**Βοσνία-Ερζεγοβίνη** (θηλ.)	[voznía erzeɣovini]
Brasile (m)	**Βραζιλία** (θηλ.)	[vrazilía]
Bulgaria (f)	**Βουλγαρία** (θηλ.)	[vulʲɣaría]
Cambogia (f)	**Καμπότζη** (θηλ.)	[kabódzi]
Canada (m)	**Καναδάς** (αρ.)	[kanaðás]
Cile (m)	**Χιλή** (θηλ.)	[xilí]
Cina (f)	**Κίνα** (θηλ.)	[kína]
Cipro (m)	**Κύπρος** (θηλ.)	[kípros]
Colombia (f)	**Κολομβία** (θηλ.)	[kolʲomvía]
Corea (f) del Nord	**Βόρεια Κορέα** (θηλ.)	[vória koréa]
Corea (f) del Sud	**Νότια Κορέα** (θηλ.)	[nótia koréa]
Croazia (f)	**Κροατία** (θηλ.)	[kroatía]
Cuba (f)	**Κούβα** (θηλ.)	[kúva]
Danimarca (f)	**Δανία** (θηλ.)	[ðanía]
Ecuador (m)	**Εκουαδόρ** (ουδ.)	[ekuaðór]
Egitto (m)	**Αίγυπτος** (θηλ.)	[éʝiptos]
Emirati (m pl) Arabi	**Ηνωμένα Αραβικά Εμιράτα** (θηλ.πλ.)	[inoména araviká emiráta]
Estonia (f)	**Εσθονία** (θηλ.)	[esθonía]
Finlandia (f)	**Φινλανδία** (θηλ.)	[finlʲanðía]
Francia (f)	**Γαλλία** (θηλ.)	[ɣalía]

100. Paesi. Parte 2

Georgia (f)	**Γεωργία** (θηλ.)	[ʝeorʝía]
Germania (f)	**Γερμανία** (θηλ.)	[ʝermanía]

Ghana (m)	**Γκάνα** (θηλ.)	[gána]
Giamaica (f)	**Τζαμάικα** (θηλ.)	[dzamájka]
Giappone (m)	**Ιαπωνία** (θηλ.)	[japonía]
Giordania (f)	**Ιορδανία** (θηλ.)	[iorðanía]
Gran Bretagna (f)	**Μεγάλη Βρετανία** (θηλ.)	[meɣáli vretanía]
Grecia (f)	**Ελλάδα** (θηλ.)	[elʲáða]
Haiti (m)	**Αϊτή** (θηλ.)	[aití]
India (f)	**Ινδία** (θηλ.)	[inðía]
Indonesia (f)	**Ινδονησία** (θηλ.)	[inðonisía]
Inghilterra (f)	**Αγγλία** (θηλ.)	[anglía]
Iran (m)	**Ιράν** (ουδ.)	[irán]
Iraq (m)	**Ιράκ** (ουδ.)	[irák]
Irlanda (f)	**Ιρλανδία** (θηλ.)	[irlʲanðía]
Islanda (f)	**Ισλανδία** (θηλ.)	[islʲanðía]
Israele (m)	**Ισραήλ** (ουδ.)	[izraílʲ]
Italia (f)	**Ιταλία** (θηλ.)	[italía]
Kazakistan (m)	**Καζακστάν** (ουδ.)	[kazakstán]
Kenya (m)	**Κένυα** (θηλ.)	[kénia]
Kirghizistan (m)	**Κιργιζία** (ουδ.)	[kirʝizía]
Kuwait (m)	**Κουβέιτ** (ουδ.)	[kuvéjt]
Laos (m)	**Λάος** (ουδ.)	[lʲáos]
Lettonia (f)	**Λετονία** (θηλ.)	[letonía]
Libano (m)	**Λίβανος** (αρ.)	[lívanos]
Libia (f)	**Λιβύη** (θηλ.)	[livíi]
Liechtenstein (m)	**Λίχτενσταϊν** (ουδ.)	[líxtenstajn]
Lituania (f)	**Λιθουανία** (θηλ.)	[liθuanía]
Lussemburgo (m)	**Λουξεμβούργο** (ουδ.)	[lʲuksemvúrɣo]
Macedonia (f)	**Μακεδονία** (θηλ.)	[makeðonía]
Madagascar (m)	**Μαδαγασκάρη** (θηλ.)	[maðaɣaskári]
Malesia (f)	**Μαλαισία** (θηλ.)	[malesía]
Malta (f)	**Μάλτα** (θηλ.)	[málʲta]
Marocco (m)	**Μαρόκο** (ουδ.)	[maróko]
Messico (m)	**Μεξικό** (ουδ.)	[meksikó]
Moldavia (f)	**Μολδαβία** (θηλ.)	[molʲðavía]
Monaco (m)	**Μονακό** (ουδ.)	[monakó]
Mongolia (f)	**Μογγολία** (θηλ.)	[mongolía]
Montenegro (m)	**Μαυροβούνιο** (ουδ.)	[mavrovúnio]
Namibia (f)	**Ναμίμπια** (θηλ.)	[namíbia]
Nepal (m)	**Νεπάλ** (ουδ.)	[nepálʲ]
Norvegia (f)	**Νορβηγία** (θηλ.)	[norviʝía]
Nuova Zelanda (f)	**Νέα Ζηλανδία** (θηλ.)	[néa zilʲanðía]

101. Paesi. Parte 3

Paesi Bassi (m pl)	**Κάτω Χώρες** (θηλ.πλ.)	[káto xóres]
Pakistan (m)	**Πακιστάν** (ουδ.)	[pakistán]

Palestina (f)	Παλαιστίνη (θηλ.)	[palestíni]
Panama (m)	Παναμάς (αρ.)	[panamás]
Paraguay (m)	Παραγουάη (θηλ.)	[paraɣuái]
Perù (m)	Περού (ουδ.)	[perú]
Polinesia (f) Francese	Γαλλική Πολυνησία (θηλ.)	[ɣalikí polinisía]
Polonia (f)	Πολωνία (θηλ.)	[polʲonía]
Portogallo (f)	Πορτογαλία (θηλ.)	[portoɣalía]

Repubblica (f) Ceca	Τσεχία (θηλ.)	[tsexía]
Repubblica (f) Dominicana	Δομινικανή Δημοκρατία (θηλ.)	[ðominikaní ðimokratía]
Repubblica (f) Sudafricana	Δημοκρατία της Νότιας Αφρικής (θηλ.)	[ðimokratía tis nótias afrikís]
Romania (f)	Ρουμανία (θηλ.)	[rumanía]
Russia (f)	Ρωσία (θηλ.)	[rosía]

Scozia (f)	Σκοτία (θηλ.)	[skotía]
Senegal (m)	Σενεγάλη (θηλ.)	[seneɣáli]
Serbia (f)	Σερβία (θηλ.)	[servía]
Siria (f)	Συρία (θηλ.)	[siría]
Slovacchia (f)	Σλοβακία (θηλ.)	[slʲovakía]
Slovenia (f)	Σλοβενία (θηλ.)	[slʲovenía]

Spagna (f)	Ισπανία (θηλ.)	[ispanía]
Stati (m pl) Uniti d'America	Ηνωμένες Πολιτείες Αμερικής (θηλ.πλ.)	[inoménes politíes amerikís]
Suriname (m)	Σούριναμ (ουδ.)	[súrinam]
Svezia (f)	Σουηδία (θηλ.)	[suiðía]
Svizzera (f)	Ελβετία (θηλ.)	[elʲvetía]

Tagikistan (m)	Τατζικιστάν (ουδ.)	[tadzikistán]
Tailandia (f)	Ταϊλάνδη (θηλ.)	[tajlʲánði]
Taiwan (m)	Ταϊβάν (θηλ.)	[tajván]
Tanzania (f)	Τανζανία (θηλ.)	[tanzanía]
Tasmania (f)	Τασμανία (θηλ.)	[tazmanía]
Tunisia (f)	Τυνησία (θηλ.)	[tinisía]
Turchia (f)	Τουρκία (θηλ.)	[turkía]
Turkmenistan (m)	Τουρκμενιστάν (ουδ.)	[turkmenistán]

Ucraina (f)	Ουκρανία (θηλ.)	[ukranía]
Ungheria (f)	Ουγγαρία (θηλ.)	[ungaría]
Uruguay (m)	Ουρουγουάη (θηλ.)	[uruɣuái]
Uzbekistan (m)	Ουζμπεκιστάν (ουδ.)	[uzbekistán]

Vaticano (m)	Βατικανό (ουδ.)	[vatikanó]
Venezuela (f)	Βενεζουέλα (θηλ.)	[venezuélʲa]
Vietnam (m)	Βιετνάμ (ουδ.)	[vietnám]
Zanzibar	Ζανζιβάρη (θηλ.)	[zanzivári]

DIZIONARIO GASTRONOMICO

Questa sezione contiene
molti vocaboli e termini
collegati ai generi alimentari.
Questo dizionario renderà
più facile la comprensione
del menù al ristorante per
scegliere il piatto che più
vi piace

T&P Books Publishing

Italiano-Greco dizionario gastronomico

abramide (f)	**αβραμίδα** (θηλ.)	[avramíða]
aceto (m)	**ξίδι** (ουδ.)	[ksíði]
acqua (f)	**νερό** (ουδ.)	[neró]
acqua (f) minerale	**μεταλλικό νερό** (ουδ.)	[metalikó neró]
acqua (f) potabile	**πόσιμο νερό** (ουδ.)	[pósimo neró]
affumicato	**καπνιστός**	[kapnistós]
aglio (m)	**σκόρδο** (ουδ.)	[skórðo]
agnello (m)	**αρνήσιο κρέας** (ουδ.)	[arnísio kréas]
al cioccolato	**σοκολατένιος**	[sokolʲaténios]
albicocca (f)	**βερίκοκο** (ουδ.)	[veríkoko]
albume (m)	**ασπράδι** (ουδ.)	[aspráði]
alloro (m)	**φύλλο δάφνης** (ουδ.)	[fílʲo ðáfnis]
amarena (f)	**βύσσινο** (ουδ.)	[vísino]
amaro	**πικρός**	[pikrós]
analcolico	**χωρίς αλκοόλ**	[xorís alʲkoólʲ]
ananas (m)	**ανανάς** (αρ.)	[ananás]
anatra (f)	**πάπια** (θηλ.)	[pápia]
aneto (m)	**άνηθος** (αρ.)	[ániθos]
anguilla (f)	**χέλι** (ουδ.)	[xéli]
anguria (f)	**καρπούζι** (ουδ.)	[karpúzi]
anice (m)	**γλυκάνισος** (αρ.)	[ɣlikánisos]
antipasto (m)	**ορεκτικό** (ουδ.)	[orektikó]
aperitivo (m)	**απεριτίφ** (ουδ.)	[aperitíf]
appetito (m)	**όρεξη** (θηλ.)	[óreksi]
apribottiglie (m)	**ανοιχτήρι** (ουδ.)	[anixtíri]
apriscatole (m)	**ανοιχτήρι** (ουδ.)	[anixtíri]
arachide (f)	**φυστίκι** (ουδ.)	[fistíki]
aragosta (f)	**ακανθωτός αστακός** (αρ.)	[akanθotós astakós]
arancia (f)	**πορτοκάλι** (ουδ.)	[portokáli]
aringa (f)	**ρέγγα** (θηλ.)	[rénga]
asparago (m)	**σπαράγγι** (ουδ.)	[sparángi]
avena (f)	**βρώμη** (θηλ.)	[vrómi]
avocado (m)	**αβοκάντο** (ουδ.)	[avokádo]
bacca (f)	**μούρο** (ουδ.)	[múro]
bacche (f pl)	**μούρα** (ουδ.πλ.)	[múra]
banana (f)	**μπανάνα** (θηλ.)	[banána]
barbabietola (f)	**παντζάρι** (ουδ.)	[pandzári]
barista (m)	**μπάρμαν** (αρ.)	[bárman]
basilico (m)	**βασιλικός** (αρ.)	[vasilikós]
bevanda (f) analcolica	**αναψυκτικό** (ουδ.)	[anapsiktikó]
bevande (f pl) alcoliche	**αλκοολούχα ποτά** (ουδ.πλ.)	[alʲkoolʲúxa potá]
bibita (f)	**αναψυκτικό** (ουδ.)	[anapsiktikó]
bicchiere (m)	**ποτήρι** (ουδ.)	[potíri]
birra (f)	**μπύρα** (θηλ.)	[bíra]

birra (f) chiara	ανοιχτόχρωμη μπύρα (θηλ.)	[anixtóxromi bíra]
birra (f) scura	σκούρα μπύρα (θηλ.)	[skúra bíra]
biscotti (m pl)	μπισκότο (ουδ.)	[biskóto]
bistecca (f)	μπριζόλα (θηλ.)	[brizólʲa]
boleto (m) rufo	μπολέτους πορτοκαλί (ουδ.)	[bolétus portokalí]
bollito	βραστός	[vrastós]
briciola (f)	ψίχουλο (ουδ.)	[psíxulʲo]
broccolo (m)	μπρόκολο (ουδ.)	[brókolʲo]
brodo (m)	ζωμός (αρ.)	[zomós]
buccia (f)	φλούδα (θηλ.)	[flʲúða]
Buon appetito!	Καλή όρεξη!	[kalí óreksi]
buono, gustoso	νόστιμος	[nóstimos]
burro (m)	βούτυρο (ουδ.)	[vútiro]
cacciagione (f)	θήραμα (ουδ.)	[θírama]
caffè (m)	καφές (αρ.)	[kafés]
caffè (m) nero	σκέτος καφές (αρ.)	[skétos kafés]
caffè (m) solubile	στιγμιαίος καφές (αρ.)	[stiɣmiéos kafes]
caffè latte (m)	καφές με γάλα (αρ.)	[kafés me ɣálʲa]
calamaro (m)	καλαμάρι (ουδ.)	[kalʲamári]
caldo	ζεστός	[zestós]
calice (m)	κρασοπότηρο (ουδ.)	[krasopótiro]
caloria (f)	θερμίδα (θηλ.)	[θermíða]
cameriera (f)	σερβιτόρα (θηλ.)	[servitóra]
cameriere (m)	σερβιτόρος (αρ.)	[servitóros]
cannella (f)	κανέλα (θηλ.)	[kanélʲa]
cappuccino (m)	καπουτσίνο (αρ.)	[kaputsíno]
caramella (f)	καραμέλα (θηλ.)	[karamélʲa]
carboidrati (m pl)	υδατάνθρακες (αρ.πλ.)	[iðatánθrakes]
carciofo (m)	αγκινάρα (θηλ.)	[anginára]
carne (f)	κρέας (ουδ.)	[kréas]
carne (f) trita	κιμάς (αρ.)	[kimás]
carota (f)	καρότο (ουδ.)	[karóto]
carpa (f)	κυπρίνος (αρ.)	[kiprínos]
cavatappi (m)	τιρμπουσόν (ουδ.)	[tirbusón]
caviale (m)	χαβιάρι (ουδ.)	[xaviári]
cavoletti (m pl) di Bruxelles	λαχανάκι Βρυξελλών (ουδ.)	[lʲaxanáki vrikselʲón]
cavolfiore (m)	κουνουπίδι (ουδ.)	[kunupíði]
cavolo (m)	λάχανο (ουδ.)	[lʲáxano]
cena (f)	δείπνο (ουδ.)	[ðípno]
cereali (m pl)	πλιγούρι (ουδ.)	[pliɣúri]
cereali (m pl)	δημητριακών (ουδ.πλ.)	[ðimitriakón]
cetriolo (m)	αγγούρι (ουδ.)	[angúri]
champagne (m)	σαμπάνια (θηλ.)	[sambánia]
chiodi (m pl) di garofano	γαρίφαλο (ουδ.)	[ɣarífalʲo]
cibi (m pl) in scatola	κονσέρβες (θηλ.πλ.)	[konsérves]
cibo (m)	τροφή (θηλ.), φαγητό (ουδ.)	[trofí], [fajitó]
ciliegia (f)	κεράσι (ουδ.)	[kerási]
cioccolato (m)	σοκολάτα (θηλ.)	[sokolʲáta]
cipolla (f)	κρεμμύδι (ουδ.)	[kremíði]

cocktail (m)	κοκτέιλ (ουδ.)	[koktéjlʲ]
cognac (m)	κονιάκ (ουδ.)	[konják]
colazione (f)	πρωινό (ουδ.)	[proinó]
coltello (m)	μαχαίρι (ουδ.)	[maxéri]
con ghiaccio	με πάγο	[me páɣo]
condimento (m)	μπαχαρικό (ουδ.)	[baxarikó]
congelato	κατεψυγμένος	[katepsiɣménos]
coniglio (m)	κουνέλι (ουδ.)	[kunéli]
conto (m)	λογαριασμός (αρ.)	[lʲoɣariazmós]
contorno (m)	συνοδευτικό πιάτο (ουδ.)	[sinoðeftikó piáto]
coriandolo (m)	κόλιανδρος (αρ.)	[kólianðros]
crema (f)	κρέμα (θηλ.)	[kréma]
cren (m)	χρένο (ουδ.)	[xréno]
crostata (f)	πίτα (θηλ.)	[píta]
cucchiaino (m) da tè	κουταλάκι του γλυκού (ουδ.)	[kutalʲáki tu ɣlikú]
cucchiaio (m)	κουτάλι (ουδ.)	[kutáli]
cucchiaio (m)	κουτάλι της σούπας (ουδ.)	[kutáli tis súpas]
cucina (f)	κουζίνα (θηλ.)	[kuzína]
cumino, comino (m)	κύμινο (ουδ.)	[kímino]
dattero (m)	χουρμάς (αρ.)	[xurmás]
dieta (f)	δίαιτα (θηλ.)	[ðíeta]
dolce	γλυκός	[ɣlikós]
dolce (m)	επιδόρπιο (ουδ.)	[epiðórpio]
fagiolo (m)	κόκκινο φασόλι (ουδ.)	[kókino fasóli]
farina (f)	αλεύρι (ουδ.)	[alévri]
fave (f pl)	κουκί (ουδ.)	[kukí]
fegato (m)	συκώτι (ουδ.)	[sikóti]
fetta (f), fettina (f)	φέτα (θηλ.)	[féta]
fico (m)	σύκο (ουδ.)	[síko]
fiocchi (m pl) di mais	κορν φλέικς (ουδ.πλ.)	[kornfléjks]
forchetta (f)	πιρούνι (ουδ.)	[pirúni]
formaggio (m)	τυρί (ουδ.)	[tirí]
fragola (f)	φράουλα (θηλ.)	[fráulʲa]
fragola (f) di bosco	χαμοκέρασο (ουδ.)	[kxamokéraso]
freddo	κρύος	[kríos]
frittata (f)	ομελέτα (θηλ.)	[omeléta]
fritto	τηγανητός	[tiɣanitós]
frizzante	ανθρακούχο	[anθrakúxo]
frullato (m)	μιλκσέικ (ουδ.)	[milʲkséjk]
frumento (m)	σιτάρι (ουδ.)	[sitári]
frutti (m pl) di mare	θαλασσινά (θηλ.πλ.)	[θalʲasiná]
frutto (m)	φρούτο (ουδ.)	[frúto]
fungo (m)	μανιτάρι (ουδ.)	[manitári]
fungo (m) commestibile	βρώσιμο μανιτάρι (ουδ.)	[vrósimo manitári]
fungo (m) moscario	θανατίτης (αρ.)	[θanatítis]
fungo (m) velenoso	δηλητηριώδες μανιτάρι (ουδ.)	[ðilitirióðes manitári]
gallinaccio (m)	κανθαρέλλα (θηλ.)	[kanθarélʲa]
gamberetto (m)	γαρίδα (θηλ.)	[ɣaríða]
gassata	ανθρακούχος	[anθrakúxos]
gelato (m)	παγωτό (ουδ.)	[paɣotó]

ghiaccio (m)	**πάγος** (αρ.)	[páɣos]
gin (m)	**τζιν** (ουδ.)	[dzin]
gomma (f) da masticare	**τσίχλα** (θηλ.)	[tsíxlʲa]
granchio (m)	**καβούρι** (ουδ.)	[kavúri]
grano (m)	**σιτηρά** (ουδ.πλ.)	[sitirá]
grano (m) saraceno	**μαυροσίταρο** (ουδ.)	[mavrosítaro]
grassi (m pl)	**λίπη** (ουδ.πλ.)	[lípi]
gusto (m)	**γεύση** (θηλ.)	[ʝéfsi]
hamburger (m)	**χάμπουργκερ** (ουδ.)	[xámburger]
insalata (f)	**σαλάτα** (θηλ.)	[salʲáta]
ippoglosso (m)	**ιππόγλωσσος** (αρ.)	[ipóɣlʲosos]
kiwi (m)	**ακτινίδιο** (ουδ.)	[aktiníðio]
lampone (m)	**σμέουρο** (ουδ.)	[zméuro]
latte (m)	**γάλα** (ουδ.)	[ɣálʲa]
latte (m) condensato	**συμπυκνωμένο γάλα** (ουδ.)	[simbiknoméno ɣálʲa]
lattuga (f)	**μαρούλι** (ουδ.)	[marúli]
lenticchie (f pl)	**φακή** (θηλ.)	[fakí]
limonata (f)	**λεμονάδα** (θηλ.)	[lemonáða]
limone (m)	**λεμόνι** (ουδ.)	[lemóni]
lingua (f)	**γλώσσα** (θηλ.)	[ɣlʲósa]
liquore (m)	**λικέρ** (ουδ.)	[likér]
liscia, non gassata	**χωρίς ανθρακικό**	[xorís anθrakikó]
lista (f) dei vini	**κατάλογος κρασιών** (αρ.)	[katálʲoɣos krasión]
luccio (m)	**λούτσος** (αρ.)	[lʲútsos]
lucioperca (f)	**ποταμολάβρακο** (ουδ.)	[potamolʲávrako]
maiale (m)	**χοιρινό κρέας** (ουδ.)	[xirinó kréas]
maionese (m)	**μαγιονέζα** (θηλ.)	[maʝonéza]
mais (m)	**καλαμπόκι** (ουδ.)	[kalʲambóki]
mais (m)	**καλαμπόκι** (ουδ.)	[kalʲambóki]
mancia (f)	**πουρμπουάρ** (ουδ.)	[purbuár]
mandarino (m)	**μανταρίνι** (ουδ.)	[mandaríni]
mandorla (f)	**αμύγδαλο** (ουδ.)	[amíɣðalʲo]
mango (m)	**μάγκο** (ουδ.)	[mángo]
manzo (m)	**βοδινό κρέας** (ουδ.)	[voðinó kréas]
margarina (f)	**μαργαρίνη** (θηλ.)	[marɣaríni]
marmellata (f)	**μαρμελάδα** (θηλ.)	[marmelʲáða]
marmellata (f)	**μαρμελάδα** (θηλ.)	[marmelʲáða]
marmellata (f) di agrumi	**μαρμελάδα** (θηλ.)	[marmelʲáða]
mela (f)	**μήλο** (ουδ.)	[mílʲo]
melagrana (f)	**ρόδι** (ουδ.)	[róði]
melanzana (f)	**μελιτζάνα** (θηλ.)	[melidzána]
melone (m)	**πεπόνι** (ουδ.)	[pepóni]
menù (m)	**κατάλογος** (αρ.)	[katálʲoɣos]
merluzzo (m)	**μπακαλιάρος** (αρ.)	[bakaliáros]
miele (m)	**μέλι** (ουδ.)	[méli]
miglio (m)	**κεχρί** (ουδ.)	[kexrí]
minestra (f)	**σούπα** (θηλ.)	[súpa]
mirtillo (m)	**μύρτιλλο** (ουδ.)	[mírtilʲo]
mirtillo (m) di palude	**κράνμπερι** (ουδ.)	[kránberi]
mora (f)	**βατόμουρο** (ουδ.)	[vatómuro]
nocciola (f)	**φουντούκι** (ουδ.)	[fundúki]

noce (f)	**καρύδι** (ουδ.)	[karíði]
noce (f) di cocco	**καρύδα** (θηλ.)	[karíða]
oca (f)	**χήνα** (θηλ.)	[xína]
olio (m) d'oliva	**ελαιόλαδο** (ουδ.)	[eleólʲaðo]
olio (m) di girasole	**ηλιέλαιο** (ουδ.)	[iliéleo]
olio (m) vegetale	**φυτικό λάδι** (ουδ.)	[fitikó lʲáði]
olive (f pl)	**ελιές** (θηλ.πλ.)	[eliés]
ortaggi (m pl)	**λαχανικά** (ουδ.πλ.)	[lʲaxaniká]
orzo (m)	**κριθάρι** (ουδ.)	[kriθári]
ostrica (f)	**στρείδι** (ουδ.)	[stríði]
ovolaccio (m)	**ζουρλομανίταρο** (ουδ.)	[zurlʲomanítaro]
pâté (m)	**πατέ** (ουδ.)	[paté]
pancetta (f)	**μπέικον** (ουδ.)	[béjkon]
pane (m)	**ψωμί** (ουδ.)	[psomí]
panino (m)	**σάντουιτς** (ουδ.)	[sánduits]
panna (f)	**κρέμα γάλακτος** (θηλ.)	[kréma ɣálʲaktos]
panna (f) acida	**ξινή κρέμα** (θηλ.)	[ksiní kréma]
papaia (f)	**παπάγια** (θηλ.)	[papája]
paprica (f)	**πάπρικα** (θηλ.)	[páprika]
pasta (f)	**ζυμαρικά** (ουδ.πλ.)	[zimariká]
pasticceria (f)	**ζαχαροπλαστική** (θηλ.)	[zaxaroplʲastikí]
patata (f)	**πατάτα** (θηλ.)	[patáta]
pepe (m) nero	**μαύρο πιπέρι** (ουδ.)	[mávro pipéri]
peperoncino (m)	**κόκκινο πιπέρι** (ουδ.)	[kókino pipéri]
peperone (m)	**πιπεριά** (θηλ.)	[piperiá]
pera (f)	**αχλάδι** (ουδ.)	[axlʲáði]
perca (f)	**πέρκα** (θηλ.)	[pérka]
pesca (f)	**ροδάκινο** (ουδ.)	[roðákino]
pesce (m)	**ψάρι** (ουδ.)	[psári]
pesce (m) gatto	**γουλιανός** (αρ.)	[ɣulianós]
pezzo (m)	**κομμάτι** (ουδ.)	[komáti]
piattino (m)	**πιατάκι** (ουδ.)	[piatáki]
piatto (m)	**πιάτο** (ουδ.)	[piáto]
piatto (m)	**πιάτο** (ουδ.)	[piáto]
pisello (m)	**αρακάς** (αρ.)	[arakás]
pistacchi (m pl)	**φυστίκια** (ουδ.πλ.)	[fistíkia]
pizza (f)	**πίτσα** (θηλ.)	[pítsa]
pollo (m)	**κότα** (θηλ.)	[kóta]
pomodoro (m)	**ντομάτα** (θηλ.)	[domáta]
pompelmo (m)	**γκρέιπφρουτ** (ουδ.)	[gréjpfrut]
porcinello (m)	**μπολέτους γκρίζο** (ουδ.)	[bolétus grízo]
porcino (m)	**βασιλομανίταρο** (ουδ.)	[vasilʲomanítaro]
porzione (f)	**μερίδα** (θηλ.)	[meríða]
pranzo (m)	**μεσημεριανό** (ουδ.)	[mesimerianó]
prezzemolo (m)	**μαϊντανός** (αρ.)	[majdanós]
prosciutto (m)	**ζαμπόν** (ουδ.)	[zabón]
prosciutto (m) affumicato	**καπνιστό χοιρομέρι** (ουδ.)	[kapnistó xiroméri]
proteine (f pl)	**πρωτεΐνες** (θηλ.πλ.)	[proteínes]
prugna (f)	**δαμάσκηνο** (ουδ.)	[ðamáskino]
pub (m), bar (m)	**μπαρ** (ουδ.), **μπυραρία** (θηλ.)	[bar], [biraría]
purè (m) di patate	**πουρές** (αρ.)	[purés]

rapa (f)	**γογγύλι** (ουδ.), **ρέβα** (θηλ.)	[ɣongíli], [réva]
ravanello (m)	**ρεπανάκι** (ουδ.)	[repanáki]
retrogusto (m)	**επίγευση** (θηλ.)	[epíʝefsi]
ribes (m) nero	**μαύρο φραγκοστάφυλο** (ουδ.)	[mávro frangostáfilʲo]
ribes (m) rosso	**κόκκινο φραγκοστάφυλο** (ουδ.)	[kókino frangostáfilʲo]
ricetta (f)	**συνταγή** (θηλ.)	[sindaʝí]
ripieno (m)	**γέμιση** (θηλ.)	[ʝémisi]
riso (m)	**ρύζι** (ουδ.)	[rízi]
rossola (f)	**ρούσουλα** (θηλ.)	[rúsulʲa]
rum (m)	**ρούμι** (ουδ.)	[rúmi]
salame (m)	**λουκάνικο** (ουδ.)	[lʲukániko]
salato	**αλμυρός**	[alʲmirós]
sale (m)	**αλάτι** (ουδ.)	[alʲáti]
salmone (m)	**σολομός** (αρ.)	[solʲomós]
salmone (m)	**σολομός του Ατλαντικού** (αρ.)	[solʲomós tu atlʲandikú]
salsa (f)	**σάλτσα** (θηλ.)	[sálʲtsa]
sardina (f)	**σαρδέλα** (θηλ.)	[sarðélʲa]
scombro (m)	**σκουμπρί** (ουδ.)	[skumbrí]
secco	**αποξηραμένος**	[apoksiraménos]
sedano (m)	**σέλινο** (ουδ.)	[sélino]
segale (f)	**σίκαλη** (θηλ.)	[síkali]
senape (f)	**μουστάρδα** (θηλ.)	[mustárða]
sesamo (m)	**σουσάμι** (ουδ.)	[susámi]
sogliola (f)	**πλατύψαρο** (ουδ.)	[plʲatípsaro]
soia (f)	**σόγια** (θηλ.)	[sóʝa]
sottoaceto	**τουρσί**	[tursí]
spaghetti (m pl)	**σπαγγέτι** (ουδ.)	[spagéti]
spezie (f pl)	**καρύκευμα** (ουδ.)	[karíkevma]
spiga (f)	**στάχυ** (ουδ.)	[stáxi]
spinaci (m pl)	**σπανάκι** (ουδ.)	[spanáki]
spremuta (f)	**φρέσκος χυμός** (αρ.)	[fréskos ximós]
spugnola (f)	**μορχέλλη** (θηλ.)	[morxéli]
squalo (m)	**καρχαρίας** (αρ.)	[karxarías]
storione (m)	**οξύρυγχος** (αρ.)	[oksírinxos]
stuzzicadenti (m)	**οδοντογλυφίδα** (θηλ.)	[oðondoɣlifíða]
succo (m)	**χυμός** (αρ.)	[ximós]
succo (m) d'arancia	**χυμός πορτοκαλιού** (αρ.)	[ximós portokaliú]
succo (m) di pomodoro	**χυμός ντομάτας** (αρ.)	[ximós domátas]
tè (m)	**τσάι** (ουδ.)	[tsáj]
tè (m) nero	**μαύρο τσάι** (ουδ.)	[mávro tsaj]
tè (m) verde	**πράσινο τσάι** (ουδ.)	[prásino tsaj]
tacchino (m)	**γαλοπούλα** (θηλ.)	[ɣalʲopúlʲa]
tagliatelle (f pl)	**νουντλς** (ουδ.πλ.)	[nudls]
tazza (f)	**φλιτζάνι** (ουδ.)	[flidzáni]
tonno (m)	**τόνος** (αρ.)	[tónos]
torta (f)	**τούρτα** (θηλ.)	[túrta]
tortina (f)	**κέικ** (ουδ.)	[kéjk]
trota (f)	**πέστροφα** (θηλ.)	[péstrofa]
tuorlo (m)	**κρόκος** (αρ.)	[krókos]

uova (f pl)	**αυγά** (ουδ.πλ.)	[avɣá]
uova (f pl) al tegamino	**τηγανητά αυγά** (ουδ.πλ.)	[tiɣanitá avɣá]
uovo (m)	**αυγό** (ουδ.)	[avɣó]
uva (f)	**σταφύλι** (ουδ.)	[stafíli]
uva (f) spina	**λαγοκέρασο** (ουδ.)	[lʲaɣokéraso]
uvetta (f)	**σταφίδα** (θηλ.)	[stafíða]
vegetariano	**χορτοφάγος**	[xortofáɣos]
vegetariano (m)	**χορτοφάγος** (αρ.)	[xortofáɣos]
verdura (f)	**χόρτα** (ουδ.)	[xórta]
vermouth (m)	**βερμούτ** (ουδ.)	[vermút]
vino (m)	**κρασί** (ουδ.)	[krasí]
vino (m) bianco	**λευκό κρασί** (ουδ.)	[lefkó krasí]
vino (m) rosso	**κόκκινο κρασί** (ουδ.)	[kókino krasí]
vitamina (f)	**βιταμίνη** (θηλ.)	[vitamíni]
vitello (m)	**μοσχαρίσιο κρέας** (ουδ.)	[mosxarísio kréas]
vodka (f)	**βότκα** (θηλ.)	[vótka]
würstel (m)	**λουκάνικο** (ουδ.)	[lʲukániko]
wafer (m)	**γκοφρέτες** (θηλ.πλ.)	[gofrétes]
whisky	**ουίσκι** (ουδ.)	[wíski]
yogurt (m)	**γιαούρτι** (ουδ.)	[ʝaúrti]
zafferano (m)	**σαφράν** (ουδ.)	[safrán]
zenzero (m)	**πιπερόριζα** (θηλ.)	[piperóriza]
zucca (f)	**κολοκύθα** (θηλ.)	[kolʲokíθa]
zucchero (m)	**ζάχαρη** (θηλ.)	[záxari]
zucchina (f)	**κολοκύθι** (ουδ.)	[kolʲokíθi]

Greco-Italiano dizionario gastronomico

Καλή όρεξη!	[kalí óreksi]	Buon appetito!
άνηθος (αρ.)	[ániθos]	aneto (m)
αβοκάντο (ουδ.)	[avokádo]	avocado (m)
αβραμίδα (θηλ.)	[avramíða]	abramide (f)
αγγούρι (ουδ.)	[angúri]	cetriolo (m)
αγκινάρα (θηλ.)	[anginára]	carciofo (m)
ακανθωτός αστακός (αρ.)	[akanθotós astakós]	aragosta (f)
ακτινίδιο (ουδ.)	[aktiníðio]	kiwi (m)
αλάτι (ουδ.)	[alʲáti]	sale (m)
αλεύρι (ουδ.)	[alévri]	farina (f)
αλκοολούχα ποτά (ουδ.πλ.)	[alʲkoolʲúxa potá]	bevande (f pl) alcoliche
αλμυρός	[alʲmirós]	salato
αμύγδαλο (ουδ.)	[amíɣðalʲo]	mandorla (f)
ανανάς (αρ.)	[ananás]	ananas (m)
αναψυκτικό (ουδ.)	[anapsiktikó]	bevanda (f) analcolica
αναψυκτικό (ουδ.)	[anapsiktikó]	bibita (f)
ανθρακούχο	[anθrakúxo]	frizzante
ανθρακούχος	[anθrakúxos]	gassata
ανοιχτήρι (ουδ.)	[anixtíri]	apribottiglie (m)
ανοιχτήρι (ουδ.)	[anixtíri]	apriscatole (m)
ανοιχτόχρωμη μπύρα (θηλ.)	[anixtóxromi bíra]	birra (f) chiara
απεριτίφ (ουδ.)	[aperitíf]	aperitivo (m)
αποξηραμένος	[apoksiraménos]	secco
αρακάς (αρ.)	[arakás]	pisello (m)
αρνήσιο κρέας (ουδ.)	[arnísio kréas]	agnello (m)
ασπράδι (ουδ.)	[aspráði]	albume (m)
αυγά (ουδ.πλ.)	[avɣá]	uova (f pl)
αυγό (ουδ.)	[avɣó]	uovo (m)
αχλάδι (ουδ.)	[axlʲáði]	pera (f)
βασιλικός (αρ.)	[vasilikós]	basilico (m)
βασιλομανίταρο (ουδ.)	[vasilʲomanítaro]	porcino (m)
βατόμουρο (ουδ.)	[vatómuro]	mora (f)
βερίκοκο (ουδ.)	[veríkoko]	albicocca (f)
βερμούτ (ουδ.)	[vermút]	vermouth (m)
βιταμίνη (θηλ.)	[vitamíni]	vitamina (f)
βοδινό κρέας (ουδ.)	[voðinó kréas]	manzo (m)
βούτυρο (ουδ.)	[vútiro]	burro (m)
βραστός	[vrastós]	bollito
βρώμη (θηλ.)	[vrómi]	avena (f)
βρώσιμο μανιτάρι (ουδ.)	[vrósimo manitári]	fungo (m) commestibile
βότκα (θηλ.)	[vótka]	vodka (f)
βύσσινο (ουδ.)	[vísino]	amarena (f)
γάλα (ουδ.)	[ɣálʲa]	latte (m)

γέμιση (θηλ.)	[ʝémisi]	ripieno (m)
γαλοπούλα (θηλ.)	[ɣalʲopúlʲa]	tacchino (m)
γαρίδα (θηλ.)	[ɣaríða]	gamberetto (m)
γαρίφαλο (ουδ.)	[ɣarífalʲo]	chiodi (m pl) di garofano
γεύση (θηλ.)	[ʝéfsi]	gusto (m)
γιαούρτι (ουδ.)	[ʝaúrti]	yogurt (m)
γκοφρέτες (θηλ.πλ.)	[gofrétes]	wafer (m)
γκρέιπφρουτ (ουδ.)	[gréjpfrut]	pompelmo (m)
γλυκάνισος (αρ.)	[ɣlikánisos]	anice (m)
γλυκός	[ɣlikós]	dolce
γλώσσα (θηλ.)	[ɣlʲósa]	lingua (f)
γογγύλι (ουδ.), **ρέβα** (θηλ.)	[ɣongíli], [réva]	rapa (f)
γουλιανός (αρ.)	[ɣulianós]	pesce (m) gatto
δίαιτα (θηλ.)	[ðíeta]	dieta (f)
δαμάσκηνο (ουδ.)	[ðamáskino]	prugna (f)
δείπνο (ουδ.)	[ðípno]	cena (f)
δηλητηριώδες μανιτάρι (ουδ.)	[ðilitirióðes manitári]	fungo (m) velenoso
δημητριακών (ουδ.πλ.)	[ðimitriakón]	cereali (m pl)
ελαιόλαδο (ουδ.)	[eleólʲaðo]	olio (m) d'oliva
ελιές (θηλ.πλ.)	[eliés]	olive (f pl)
επίγευση (θηλ.)	[epíʝefsi]	retrogusto (m)
επιδόρπιο (ουδ.)	[epiðórpio]	dolce (m)
ζάχαρη (θηλ.)	[záxari]	zucchero (m)
ζαμπόν (ουδ.)	[zabón]	prosciutto (m)
ζαχαροπλαστική (θηλ.)	[zaxaroplʲastikí]	pasticceria (f)
ζεστός	[zestós]	caldo
ζουρλομανίταρο (ουδ.)	[zurlʲomanítaro]	ovolaccio (m)
ζυμαρικά (ουδ.πλ.)	[zimariká]	pasta (f)
ζωμός (αρ.)	[zomós]	brodo (m)
ηλιέλαιο (ουδ.)	[iliéleo]	olio (m) di girasole
θήραμα (ουδ.)	[θírama]	cacciagione (f)
θαλασσινά (θηλ.πλ.)	[θalʲasiná]	frutti (m pl) di mare
θανατίτης (αρ.)	[θanatítis]	fungo (m) moscario
θερμίδα (θηλ.)	[θermíða]	caloria (f)
ιππόγλωσσος (αρ.)	[ipóɣlʲosos]	ippoglosso (m)
κέικ (ουδ.)	[kéjk]	tortina (f)
καβούρι (ουδ.)	[kavúri]	granchio (m)
καλαμάρι (ουδ.)	[kalʲamári]	calamaro (m)
καλαμπόκι (ουδ.)	[kalʲambóki]	mais (m)
καλαμπόκι (ουδ.)	[kalʲambóki]	mais (m)
κανέλα (θηλ.)	[kanélʲa]	cannella (f)
κανθαρέλλα (θηλ.)	[kanθarélʲa]	gallinaccio (m)
καπνιστό χοιρομέρι (ουδ.)	[kapnistó xiroméri]	prosciutto (m) affumicato
καπνιστός	[kapnistós]	affumicato
καπουτσίνο (αρ.)	[kaputsíno]	cappuccino (m)
καραμέλα (θηλ.)	[karamélʲa]	caramella (f)
καρπούζι (ουδ.)	[karpúzi]	anguria (f)
καρχαρίας (αρ.)	[karxarías]	squalo (m)
καρότο (ουδ.)	[karóto]	carota (f)
καρύδα (θηλ.)	[karíða]	noce (f) di cocco
καρύδι (ουδ.)	[karíði]	noce (f)

καρύκευμα (ουδ.)	[karíkevma]	spezie (f pl)
κατάλογος κρασιών (αρ.)	[katálʲoɣos krasión]	lista (f) dei vini
κατάλογος (αρ.)	[katálʲoɣos]	menù (m)
κατεψυγμένος	[katepsiɣménos]	congelato
καφές με γάλα (αρ.)	[kafés me ɣálʲa]	caffè latte (m)
καφές (αρ.)	[kafés]	caffè (m)
κεράσι (ουδ.)	[kerási]	ciliegia (f)
κεχρί (ουδ.)	[kexrí]	miglio (m)
κιμάς (αρ.)	[kimás]	carne (f) trita
κοκτέιλ (ουδ.)	[koktéjlʲ]	cocktail (m)
κολοκύθα (θηλ.)	[kolʲokíθa]	zucca (f)
κολοκύθι (ουδ.)	[kolʲokíθi]	zucchina (f)
κομμάτι (ουδ.)	[komáti]	pezzo (m)
κονιάκ (ουδ.)	[konják]	cognac (m)
κονσέρβες (θηλ.πλ.)	[konsérves]	cibi (m pl) in scatola
κορν φλέικς (ουδ.πλ.)	[kornfléjks]	fiocchi (m pl) di mais
κουζίνα (θηλ.)	[kuzína]	cucina (f)
κουκί (ουδ.)	[kukí]	fave (f pl)
κουνέλι (ουδ.)	[kunéli]	coniglio (m)
κουνουπίδι (ουδ.)	[kunupíði]	cavolfiore (m)
κουτάλι της σούπας (ουδ.)	[kutáli tis súpas]	cucchiaio (m)
κουτάλι (ουδ.)	[kutáli]	cucchiaio (m)
κουταλάκι του γλυκού (ουδ.)	[kutalʲáki tu ɣlikú]	cucchiaino (m) da tè
κράνμπερι (ουδ.)	[kránberi]	mirtillo (m) di palude
κρέας (ουδ.)	[kréas]	carne (f)
κρέμα γάλακτος (θηλ.)	[kréma ɣálʲaktos]	panna (f)
κρέμα (θηλ.)	[kréma]	crema (f)
κρασί (ουδ.)	[krasí]	vino (m)
κρασοπότηρο (ουδ.)	[krasopótiro]	calice (m)
κρεμμύδι (ουδ.)	[kremíði]	cipolla (f)
κριθάρι (ουδ.)	[kriθári]	orzo (m)
κρόκος (αρ.)	[krókos]	tuorlo (m)
κρύος	[kríos]	freddo
κυπρίνος (αρ.)	[kiprínos]	carpa (f)
κόκκινο κρασί (ουδ.)	[kókino krasí]	vino (m) rosso
κόκκινο πιπέρι (ουδ.)	[kókino pipéri]	peperoncino (m)
κόκκινο φασόλι (ουδ.)	[kókino fasóli]	fagiolo (m)
κόκκινο φραγκοστάφυλο (ουδ.)	[kókino frangostáfilʲo]	ribes (m) rosso
κόλιανδρος (αρ.)	[kólianðros]	coriandolo (m)
κότα (θηλ.)	[kóta]	pollo (m)
κύμινο (ουδ.)	[kímino]	cumino, comino (m)
λάχανο (ουδ.)	[lʲáxano]	cavolo (m)
λίπη (ουδ.πλ.)	[lípi]	grassi (m pl)
λαγοκέρασο (ουδ.)	[lʲaɣokéraso]	uva (f) spina
λαχανάκι Βρυξελλών (ουδ.)	[lʲaxanáki vrikselʲón]	cavoletti (m pl) di Bruxelles
λαχανικά (ουδ.πλ.)	[lʲaxaniká]	ortaggi (m pl)
λεμονάδα (θηλ.)	[lemonáða]	limonata (f)
λεμόνι (ουδ.)	[lemóni]	limone (m)
λευκό κρασί (ουδ.)	[lefkó krasí]	vino (m) bianco

λικέρ (ουδ.)	[likér]	liquore (m)
λογαριασμός (αρ.)	[lʲoɣariazmós]	conto (m)
λουκάνικο (ουδ.)	[lʲukániko]	salame (m)
λουκάνικο (ουδ.)	[lʲukániko]	würstel (m)
λούτσος (αρ.)	[lʲútsos]	luccio (m)
μάγκο (ουδ.)	[mángo]	mango (m)
μέλι (ουδ.)	[méli]	miele (m)
μήλο (ουδ.)	[mílʲo]	mela (f)
μαγιονέζα (θηλ.)	[majonéza]	maionese (m)
μανιτάρι (ουδ.)	[manitári]	fungo (m)
μανταρίνι (ουδ.)	[mandaríni]	mandarino (m)
μαργαρίνη (θηλ.)	[marɣaríni]	margarina (f)
μαρμελάδα (θηλ.)	[marmelʲáða]	marmellata (f)
μαρμελάδα (θηλ.)	[marmelʲáða]	marmellata (f)
μαρμελάδα (θηλ.)	[marmelʲáða]	marmellata (f) di agrumi
μαρούλι (ουδ.)	[marúli]	lattuga (f)
μαυροσίταρο (ουδ.)	[mavrosítaro]	grano (m) saraceno
μαχαίρι (ουδ.)	[maxéri]	coltello (m)
μαϊντανός (αρ.)	[majdanós]	prezzemolo (m)
μαύρο πιπέρι (ουδ.)	[mávro pipéri]	pepe (m) nero
μαύρο τσάι (ουδ.)	[mávro tsaj]	tè (m) nero
μαύρο φραγκοστάφυλο (ουδ.)	[mávro frangostáfilʲo]	ribes (m) nero
με πάγο	[me páɣo]	con ghiaccio
μελιτζάνα (θηλ.)	[melidzána]	melanzana (f)
μερίδα (θηλ.)	[meríða]	porzione (f)
μεσημεριανό (ουδ.)	[mesimerianó]	pranzo (m)
μεταλλικό νερό (ουδ.)	[metalikó neró]	acqua (f) minerale
μιλκσέικ (ουδ.)	[milʲkséjk]	frullato (m)
μορχέλλη (θηλ.)	[morxéli]	spugnola (f)
μοσχαρίσιο κρέας (ουδ.)	[mosxarísio kréas]	vitello (m)
μουστάρδα (θηλ.)	[mustárða]	senape (f)
μούρα (ουδ.πλ.)	[múra]	bacche (f pl)
μούρο (ουδ.)	[múro]	bacca (f)
μπάρμαν (αρ.)	[bárman]	barista (m)
μπέικον (ουδ.)	[béjkon]	pancetta (f)
μπακαλιάρος (αρ.)	[bakaliáros]	merluzzo (m)
μπανάνα (θηλ.)	[banána]	banana (f)
μπαρ (ουδ.), **μπυραρία** (θηλ.)	[bar], [biraría]	pub (m), bar (m)
μπαχαρικό (ουδ.)	[baxarikó]	condimento (m)
μπισκότο (ουδ.)	[biskóto]	biscotti (m pl)
μπολέτους γκρίζο (ουδ.)	[bolétus grízo]	porcinello (m)
μπολέτους πορτοκαλί (ουδ.)	[bolétus portokalí]	boleto (m) rufo
μπριζόλα (θηλ.)	[brizólʲa]	bistecca (f)
μπρόκολο (ουδ.)	[brókolʲo]	broccolo (m)
μπύρα (θηλ.)	[bíra]	birra (f)
μύρτιλλο (ουδ.)	[mírtilʲo]	mirtillo (m)
νερό (ουδ.)	[neró]	acqua (f)
νουντλς (ουδ.πλ.)	[nudls]	tagliatelle (f pl)
ντομάτα (θηλ.)	[domáta]	pomodoro (m)

νόστιμος	[nóstimos]	buono, gustoso
ξίδι (ουδ.)	[ksíði]	aceto (m)
ξινή κρέμα (θηλ.)	[ksiní kréma]	panna (f) acida
οδοντογλυφίδα (θηλ.)	[oðondoɣlifíða]	stuzzicadenti (m)
ομελέτα (θηλ.)	[omeléta]	frittata (f)
οξύρυγχος (αρ.)	[oksírinxos]	storione (m)
ορεκτικό (ουδ.)	[orektikó]	antipasto (m)
ουίσκι (ουδ.)	[wíski]	whisky
πάγος (αρ.)	[páɣos]	ghiaccio (m)
πάπια (θηλ.)	[pápia]	anatra (f)
πάπρικα (θηλ.)	[páprika]	paprica (f)
πέρκα (θηλ.)	[pérka]	perca (f)
πέστροφα (θηλ.)	[péstrofa]	trota (f)
πίτα (θηλ.)	[píta]	crostata (f)
πίτσα (θηλ.)	[pítsa]	pizza (f)
παγωτό (ουδ.)	[paɣotó]	gelato (m)
παντζάρι (ουδ.)	[pandzári]	barbabietola (f)
παπάγια (θηλ.)	[papája]	papaia (f)
πατάτα (θηλ.)	[patáta]	patata (f)
πατέ (ουδ.)	[paté]	pâté (m)
πεπόνι (ουδ.)	[pepóni]	melone (m)
πιάτο (ουδ.)	[piáto]	piatto (m)
πιάτο (ουδ.)	[piáto]	piatto (m)
πιατάκι (ουδ.)	[piatáki]	piattino (m)
πικρός	[pikrós]	amaro
πιπεριά (θηλ.)	[piperiá]	peperone (m)
πιπερόριζα (θηλ.)	[piperóriza]	zenzero (m)
πιρούνι (ουδ.)	[pirúni]	forchetta (f)
πλατύψαρο (ουδ.)	[plʲatípsaro]	sogliola (f)
πλιγούρι (ουδ.)	[pliɣúri]	cereali (m pl)
πορτοκάλι (ουδ.)	[portokáli]	arancia (f)
ποτήρι (ουδ.)	[potíri]	bicchiere (m)
ποταμολάβρακο (ουδ.)	[potamolʲávrako]	lucioperca (f)
πουρές (αρ.)	[purés]	purè (m) di patate
πουρμπουάρ (ουδ.)	[purbuár]	mancia (f)
πράσινο τσάι (ουδ.)	[prásino tsaj]	tè (m) verde
πρωινό (ουδ.)	[proinó]	colazione (f)
πρωτεΐνες (θηλ.πλ.)	[proteínes]	proteine (f pl)
πόσιμο νερό (ουδ.)	[pósimo neró]	acqua (f) potabile
ρέγγα (θηλ.)	[rénga]	aringa (f)
ρεπανάκι (ουδ.)	[repanáki]	ravanello (m)
ροδάκινο (ουδ.)	[roðákino]	pesca (f)
ρούμι (ουδ.)	[rúmi]	rum (m)
ρούσουλα (θηλ.)	[rúsulʲa]	rossola (f)
ρόδι (ουδ.)	[róði]	melagrana (f)
ρύζι (ουδ.)	[rízi]	riso (m)
σάλτσα (θηλ.)	[sálʲtsa]	salsa (f)
σάντουιτς (ουδ.)	[sánduits]	panino (m)
σέλινο (ουδ.)	[sélino]	sedano (m)
σίκαλη (θηλ.)	[síkali]	segale (f)
σαλάτα (θηλ.)	[salʲáta]	insalata (f)
σαμπάνια (θηλ.)	[sambánia]	champagne (m)

σαρδέλα (θηλ.)	[sarðélʲa]	sardina (f)
σαφράν (ουδ.)	[safrán]	zafferano (m)
σερβιτόρα (θηλ.)	[servitóra]	cameriera (f)
σερβιτόρος (αρ.)	[servitóros]	cameriere (m)
σιτάρι (ουδ.)	[sitári]	frumento (m)
σιτηρά (ουδ.πλ.)	[sitirá]	grano (m)
σκέτος καφές (αρ.)	[skétos kafés]	caffè (m) nero
σκουμπρί (ουδ.)	[skumbrí]	scombro (m)
σκούρα μπύρα (θηλ.)	[skúra bíra]	birra (f) scura
σκόρδο (ουδ.)	[skórðo]	aglio (m)
σμέουρο (ουδ.)	[zméuro]	lampone (m)
σοκολάτα (θηλ.)	[sokolʲáta]	cioccolato (m)
σοκολατένιος	[sokolʲaténios]	al cioccolato
σολομός του Ατλαντικού (αρ.)	[solʲomós tu atlʲandikú]	salmone (m)
σολομός (αρ.)	[solʲomós]	salmone (m)
σουσάμι (ουδ.)	[susámi]	sesamo (m)
σούπα (θηλ.)	[súpa]	minestra (f)
σπαγγέτι (ουδ.)	[spagéti]	spaghetti (m pl)
σπανάκι (ουδ.)	[spanáki]	spinaci (m pl)
σπαράγγι (ουδ.)	[sparángi]	asparago (m)
στάχυ (ουδ.)	[stáxi]	spiga (f)
σταφίδα (θηλ.)	[stafíða]	uvetta (f)
σταφύλι (ουδ.)	[stafíli]	uva (f)
στιγμιαίος καφές (αρ.)	[stiɣmiéos kafes]	caffè (m) solubile
στρείδι (ουδ.)	[stríði]	ostrica (f)
συκώτι (ουδ.)	[sikóti]	fegato (m)
συμπυκνωμένο γάλα (ουδ.)	[simbiknoméno ɣálʲa]	latte (m) condensato
συνοδευτικό πιάτο (ουδ.)	[sinoðeftikó piáto]	contorno (m)
συνταγή (θηλ.)	[sindaʝí]	ricetta (f)
σόγια (θηλ.)	[sóʝa]	soia (f)
σύκο (ουδ.)	[síko]	fico (m)
τζιν (ουδ.)	[dzin]	gin (m)
τηγανητά αυγά (ουδ.πλ.)	[tiɣanitá avɣá]	uova (f pl) al tegamino
τηγανητός	[tiɣanitós]	fritto
τιρμπουσόν (ουδ.)	[tirbusón]	cavatappi (m)
τουρσί	[tursí]	sottoaceto
τούρτα (θηλ.)	[túrta]	torta (f)
τροφή (θηλ.), **φαγητό** (ουδ.)	[trofí], [faʝitó]	cibo (m)
τσάι (ουδ.)	[tsáj]	tè (m)
τσίχλα (θηλ.)	[tsíxlʲa]	gomma (f) da masticare
τυρί (ουδ.)	[tirí]	formaggio (m)
τόνος (αρ.)	[tónos]	tonno (m)
υδατάνθρακες (αρ.πλ.)	[iðatánθrakes]	carboidrati (m pl)
φέτα (θηλ.)	[féta]	fetta (f), fettina (f)
φακή (θηλ.)	[fakí]	lenticchie (f pl)
φλιτζάνι (ουδ.)	[flidzáni]	tazza (f)
φλούδα (θηλ.)	[flʲúða]	buccia (f)
φουντούκι (ουδ.)	[fundúki]	nocciola (f)
φράουλα (θηλ.)	[fráulʲa]	fragola (f)
φρέσκος χυμός (αρ.)	[fréskos ximós]	spremuta (f)

φρούτο (ουδ.)	[frúto]	frutto (m)
φυστίκι (ουδ.)	[fistíki]	arachide (f)
φυστίκια (ουδ.πλ.)	[fistíkia]	pistacchi (m pl)
φυτικό λάδι (ουδ.)	[fitikó lʲáði]	olio (m) vegetale
φύλλο δάφνης (ουδ.)	[fílʲo ðáfnis]	alloro (m)
χάμπουργκερ (ουδ.)	[xámburger]	hamburger (m)
χέλι (ουδ.)	[xéli]	anguilla (f)
χήνα (θηλ.)	[xína]	oca (f)
χαβιάρι (ουδ.)	[xaviári]	caviale (m)
χαμοκέρασο (ουδ.)	[kxamokéraso]	fragola (f) di bosco
χοιρινό κρέας (ουδ.)	[xirinó kréas]	maiale (m)
χορτοφάγος	[xortofáɣos]	vegetariano
χορτοφάγος (αρ.)	[xortofáɣos]	vegetariano (m)
χουρμάς (αρ.)	[xurmás]	dattero (m)
χρένο (ουδ.)	[xréno]	cren (m)
χυμός ντομάτας (αρ.)	[ximós domátas]	succo (m) di pomodoro
χυμός πορτοκαλιού (αρ.)	[ximós portokaliú]	succo (m) d'arancia
χυμός (αρ.)	[ximós]	succo (m)
χωρίς αλκοόλ	[xorís alʲkoólʲ]	analcolico
χωρίς ανθρακικό	[xorís anθrakikó]	liscia, non gassata
χόρτα (ουδ.)	[xórta]	verdura (f)
ψάρι (ουδ.)	[psári]	pesce (m)
ψίχουλο (ουδ.)	[psíxulʲo]	briciola (f)
ψωμί (ουδ.)	[psomí]	pane (m)
όρεξη (θηλ.)	[óreksi]	appetito (m)

www.ingramcontent.com/pod-product-compliance
Lightning Source LLC
LaVergne TN
LVHW051257080426
835509LV00020B/3017